発達障碍の精神療法

あまのじゃくと関係発達臨床

小林隆児

創元社

序

精神科医になって四十年を過ぎたいま、これまで筆者の関係発達臨床を支えてくれた思いとはどのようなものかを振り返ったとき、もっとも鮮烈に蘇ってくる記憶がある。

ひとつは、医学部の学生時代から取り組んでいた自閉症療育ボランティア活動の一環として運営にも従事していた九重の飯田高原（大分県）で、毎年夏、朝日新聞西部厚生文化事業団主催によりおこなわれた療育キャンプでのあるエピソードである。

当時筆者は駆け出しの精神科医であった。参加者全員による集団遊戯のときである。子どももひとりひとりにスタッフ（おもに学生）がついていっしょに行動していた。「おしくらまんじゅう」をしている最中、数十人の仲間が遊びに熱中し、揉み合いになった。そのとき、ある子ども（当時、小学校高学年の男児）を女性スタッフが担当していた。その女性は社会人になって間もない人で、エキゾチックで成熟した女性の魅力をたたえていた。その子が「おしくらまんじゅう」でみんなと揉み合いになっていたとき、どさくさにまぎれて彼はその女性のお尻や身体をさかんに触っているのを筆者はそばで偶然目撃した。そのときの彼の表情はやけにうれしそうで、にやけていた。いまでも彼のそのときの顔が目に浮かぶほどだが、そのとき、筆者はいやらしさよりも、彼のなかに潜んでいた（男性であれば誰でも持っているであろう）異性への憧れや欲求と恥じらいがとてもストレートに表現されていて、いたく感動したのを覚えている。

つぎに思い出されるのは、平成六〔一九九四〕年から開始した母子ユニット *Mother-Infant Unit : MIU*〔以下ＭＩＵ〕での治療場面である。四歳になる自閉症の男児に、筆者は母親の抱っこの必要を強く感じて、「たとえ子どもが嫌がっても、しっかり抱っこをやり続けましょう」と指示して、母親を励ましていたときのことである。最初の三〇分ほどは子どもの激しい抵抗にあって、母親は必死の形相で抱き続けていたが、子どもはあまりの苦しさに『こわい！　もうやめてよ！　苦しいよ！』と絞り出すような声で自分の思いを率直に訴えたのである。それは、いままでに聞いたことのないほど彼の本音を感じさせる口調での絶叫であった。よく耳にした「鶴の一声」[1]の一種であろうが、そのとき筆者は、自閉症の子どもたちの内面の奥深いところに潜む強い思いを知らされたのである。

このような記憶が筆者の脳裏から離れないまま、ＭＩＵで実験的に施行していた新奇場面法 *Strange Situation Procedure : SSP*〔以下ＳＳＰ〕の観察記録をまとめるために、同じひとつの録画ビデオを何十回も繰り返し見ていたときのことであった。二歳〇ヶ月の男児であった。母親はほとんどずっと椅子にすわって子どもに語りかけることも、そばに寄っていっしょに遊ぶこともない。子どもは母親から少し離れた微妙な距離で母親に背を向け一人遊びを繰り返していた。その後、ストレンジャー〔以下ＳＴ〕が入室して三分後、母親はそっと退室した。子どもは明らかに母親が出て行くのを察知して、ちらっと母親の後ろ姿を見た。そのときである。母親がドアを閉めた途端、にやっとほくそ笑んだ。筆者はこの場面をズームで録画していたので、子どもの表情の変化は驚くほど鮮やかに記録されていた。間違いようのない、子どものこころの一瞬の変化であった。すぐさまいつもの無表情な顔に戻ったが、そこに、人前では絶対に表に出さない繊細な人間らしい子どもの本音を垣間見た思いがしたのである。

ＳＳＰでの筆者の観察データによると、一歳台までは、独りぼっちになった際にこころ細さを比較的表に出していた子どもたちも、二歳前後になると途端に「不安」は表から消えて、それに代わって「不安」の対処行動として多様な反応を見せるようになる。彼らの抱く「不安」は母親への〝甘え〟のアンビヴァレンスからくるとはいえ、母親が目の前から消えたときに彼が見せた一種の安堵感は、この母子関係の複雑な様相を窺わせるに十分なものであった。

このような経験を積み重ねたことが筆者の臨床に与えた影響は、計り知れないものがある。それは何かといえば、「自閉症、発達障碍などと呼ばれる彼らの内面にも、誰にでも生じる生々しい感情が蠢いている」という確信である。よって臨床家としての筆者がおこなうべきことは、彼らの内面に日頃は深く沈潜している思いに少しでも近づき触れることを通して、関係を深めていくことだということである。日頃彼らの見せている不可解な言動は、けっして彼らの内面の本音そのものを示しているのではない。他者と触れ合うことに強い「恐怖」を抱き続けている彼らは、その「恐怖」から自分を守るために、症状という強固な鎧を身にまとっているのだ。その鎧を脱がせ触れ合おうとする治療は、彼らにとってよほどの安心感が得られなければけっして達成されるものではない、ということを身に沁みて感じ取ったのである。

＊＊＊

いまからおよそ二年前（二〇一四年二月）、過去十四年間ＭＩＵで関係発達臨床の実践を蓄積してきた筆者は、積年の課題であった乳幼児期の母子関係の実態をつぶさに検討し、書き下ろしの書『「関係」からみる乳幼児期の自閉症スペクトラム――「甘え」のアンビヴァレンスに焦点を当てて』（ミネルヴァ書房）として纏めた。

この数十年間、発達障碍理解は、器質論を基盤に考えられてきた。そこでは脳（機能）障碍をもとに「一次障碍」として症状形成が捉えられ、その後の成長過程で出現する多様な病態は「二次障碍」とみなされてきた。そのような現状に対して異を唱え、筆者はこれまでブラックボックス化されてきた乳幼児期の病態形成過程を、母子関係を軸に、一歳台から五歳台までの五五例を対象に検討した結果、〇歳台後半から一歳台になると、子どもたちは「甘えたくても甘えられない」心理状態（アンビヴァレンス）を呈し、それによって母子関係に〝負の循環〟が生まれること。その結果、子どもたちは常に強い不安と緊張に晒されること。そこで子どもたちは、二歳台になると、いかに不安と緊張を軽減するか、各自多様な対処を試みることを明らかにするとともに、これらの対処行動の多くは、これまで発達障碍の診断基準として重視されてきた症状として捉えることができるとともに、将来的に神経症圏あるいは精神病圏の病態へと発展する萌芽の状態をも示していることを論じた。

その後まもなく〔二〇一四年十二月〕、先の書で明らかとなった乳幼児期の母子関係の問題である〝甘え〟のアンビヴァレンスが、その後の生涯発達過程に深刻な影響を及ぼし、いかに多様な病像や病態を形成していくかを検討し、小書『甘えたくても甘えられない――母子関係のゆくえ、発達障碍のいま』〔河出書房新社〕として纏めた。この書によって、乳幼児期から成人期に及ぶ発達障碍の臨床問題を一元的に理解する道を切り開くことの可能性を示した。

これらの二冊の書によって、乳幼児期早期の母子関係における〝甘え〟の問題〔アンビヴァレンス〕を軸に据えながら、子どもたちの発達成長過程を辿ることによって、「いかに発達障碍とされてきたものが多様な病態へと変容していくか」を示すとともに、発達障碍治療の基本は「いかなる病態であろうと、その背後に蠢いている心理としての〝甘え〟のアンビヴァレンスに焦点を当てることにあり、それによって関係〔障碍〕は修復に向かう可能性がある」ことを論じた。

***　***

これまで筆者は発達障碍、とりわけ自閉症スペクトラム[2]を中心にその成因論や治療論を考えてきたが、筆者の考える発達障碍論は単に発達障碍のみに限られたものではなく、広く多様な精神障碍〔神経症圏、精神病圏など）の精神病理の成因論と治療論にも相通じることを、肌で実感するようになった。

そこでまず取り組んだのが、神経症圏を対象とした治療論（精神療法論）であった。そこでは、その病態の成因に〝甘え〟にまつわるアンビヴァレンスがいかに深く関与しているかを示すとともに、アンビヴァレンスに焦点を当てることが神経症圏の精神療法においても中核的役割を果たしていることを、学童期から成人期に至るまで、ライフサイクル全体を見据えた一二例の自験例を例示しながら論じた。そうして生まれたのが昨年（二〇一五）上梓した小書『あまのじゃくと精神療法――「甘え」理論と関係の病理』（弘文堂）である。この書のタイトルに「あまのじゃく」を冠したのは、乳幼児期にみられる母子の関係病理が「あまのじゃく」という独特の対人的態度をあらわす日本語で表現することが相応しいと考えたからである。

前書は、土居健郎の「甘え」理論を、乳幼児を直接対象として構築した筆者の関係論的立場から再照射することによって、「甘え」に焦点を当てたわが国独自の精神病理・精神療法論をさらに深化させようとの試みであった。そこで筆者が確かな手応えとして掴んだ最大の成果のひとつは、われわれが常日頃何気なく用いている「あまのじゃく」をはじめとする日常語で関係病理を理解する試みは当然のごとく、患者やその家族にとっても腑に落ちる体験となることであった。

わが国ではいまだ、外国生まれのカタカナ術語を有難がって多用する風潮が目につくが、日本人であれば、日本語でものを考え理解することを当然の生業としているはずである。日本人のこころを本当に理解しようとするならば、日頃から慣れ親しんだ言葉を用いずして出来るはずはない。なぜなら、日本人のこころのありよう（ゲシュタルト）は、母国語である日本語、とりわけ日常語で切り取られているからである。

それに次ぐ成果として筆者にとって大きな手応えとなったのは、「甘え」「あまのじゃく」などの日本語は、関係論的視点を内包していることであった。「甘え」は、相手に受け止めてもらって初めて享受できる、相手次第という性格を持つ。さらに「あまのじゃく」は、「（こちらが）ああ言えば（あちらは）こう言う」意からもわかるように、相互の関係のありようをいみじくも示していることに改めて気づいたからである。

＊＊＊　＊＊＊　＊＊＊

この二年間で先のような仕事をしてきたが、筆者の眼前に最後の牙城としていまだに高くそびえ立っているのが発達障碍「治療論」であった。すでに大筋は見えていたが、いまだ発達障碍の器質論の強い現状において、筆者がこれから論じようとする発達障碍「治療論」は多くの批判（というより非難）を浴びるのではないかと予想できるからである。そこで、より周到な準備が必要であった。ただし、いまではこのことにさほど神経質になってはいない。それでも特に留意しなければならなかったのは、発達障碍という概念は今日あまりにも拡散してしまい、その実態はまったくもって掴み難いものになっているからである。その対象といえば、乳幼児期はもちろんのこと、成人期に至るまで、無秩序なまでに広がっている。そのため、発達障碍とは何かを考えようとすれば、生涯発達の全貌を視野に入れなければならない。それとともに、知的発達水準においても、一生話し言葉を獲得できない人たちはもちろんのこと、一見すると話し言葉は問題なく用いることのできる人たちをも対象としなければならない。それほどまでに、発達障碍とされている対象の裾野は広い。いまや発達障碍は、このように膨大な領域を包含する概念になっているのだ。

そこで筆者は、本書で発達障碍「治療論」を展開するにあたり、以下のような流れで論を進めていこうと思う。前半は総論とし、発達障碍に対する精神療法に臨むにあたり心得てほしい事柄を述べる。

具体的には、第一に、精神療法を研究として考えるにあたり、ぜひとも考えなければならないこと、それは、精神療法は患者と治療者の共同作業であり、かつ両者が直接関わりあうなかで互いに立ち上がるさまざまな主観（間主観）を見つめることがことのほか重要だ、ということである。

第二に、乳幼児期に現出する発達障碍の中核的病理である子どもと養育者の関係病理[3]がその後どのように変容していくか、その概略を示す。そのことによって、発達障碍とされてきた人たち（子どもからおとなまで）

の成長発達過程（病理の発生過程）を思い描くことができると考えたからである。

第三に、発達障碍の中核的病理である〝甘え〟のアンビヴァレンスは具体的にどのような表現型をとるか、乳児期から成人期まで幅広く事例をとりあげてその多様なかたちを示す。

第四に、このことがもっとも困難かつ最重要課題なのだが、治療者が患者の中核的な関係病理であるアンビヴァレンスを掴むためには、どのような態度が求められるかを述べる。

第五に、このアンビヴァレンスを精神療法で治療者がアクチュアルに捉えることがいかに治療的に作用するかを論じる。

後半の各論では、これまで筆者が実際に経験してきた乳児期から成人期までの精神療法の実際について、ライフサイクルを軸に展開する。そこでは、筆者が体得した実践知を、実際の精神療法過程に即して開示してみようと思う。

***　***　***　***

最後にふたつほど断っておきたいことがある。いずれも本書のタイトルに関することである。

ひとつは「発達障碍」について。

冒頭で述べたように、いまや「発達障碍」なる概念はあまりにも拡散し、疾病単位としての意味を持ち得ていないのではないかと思われるほどである。疾病単位とするからにはその病巣（病気の発生部位）、病理（病気の仕組み）、病因（病気の原因）が一定程度、想定されたものであることが求められるからである。

二年前の拙著では「自閉症スペクトラム」を用いたが、それには狭義の自閉症スペクトラム障碍 *Autism Spectrum Disorders : ASD*〔以下ＡＳＤ〕の病態に至らない段階での乳幼児をも包含することによって、ＡＳＤという病態の生成過程を明らかにしたいと考えたからであった。本書で「発達障碍」としたのは、過去にＡＤＨＤ、ＬＤ（限局性学習障碍）、精神遅滞などと一時的に診断されてはいても生涯発達という長期的視点に立ったとき、もっとも中心となるのは対人関係や自我発達の問題であり、それらすべてを対象とした精神療法を論じることがぜひとも必要であると考えたからである。

最新の国際診断基準ＤＳＭ-５〔二〇一三〕[4]では「神経発達障碍」という新たな概念のもと、ＡＳＤ、ＡＤＨＤ（注意欠如・多動性障碍）、ＬＤ、精神遅滞（知的発達障碍）などすべてを包含するものとなっていることを考えると、世界の動向は明らかに、発達障碍を細分化する方向から大きく舵を切り、各々が明瞭な区分をもたないスペクトラム（連続体）として捉えて理解しようとする方に向かっていることは確かである。その意味で本書も、その流れと軌を一にしていると言っていいだろう。

ただ、多くの成書には必ずと言ってよいほど最初にＤＳＭの診断基準が掲げられ、それに沿って論が進められている。しかし本書で筆者はその流れを敢えて選択していない。筆者の考えでは「発達障碍」は文字どおり「発達」の障碍であって、そこでは「発達」の意味を深く検討しなければならない。

その際に不可欠なものは〝関係〟の視点である。子どもの発達と成長に、養育者の存在は不可欠である。この当たり前のことが、なぜか発達障碍を論じる際には等閑に附されてしまい、いまでは子どもの「脳」しか見ようとしない。筆者が〝関係〟という視点を力説するのは、そのような理由に基づいている。そのような視点から「障碍」を論じていけば、おのずと「関係障碍」という親子の関係の難しさが前景に浮かび上がってくる。筆者の「発達障碍」研究はそのような基盤から成り立っているのである。

最後にもうひとつ、「精神療法」について。

わが国で psychotherapy は、最初に精神医学界で「精神療法」と訳されていた。しかしその後、心理臨床の広がりとともに「心理療法」という訳が盛んに用いられるようになった。いまだに精神医学界では「精神療法」、臨床心理学界では「心理療法」がおもに用いられている。このような現状を見るにつけ、わが国の学問がいかに外国由来のもので占められ、それに振り回されてきたかを思い知らされる。筆者はこれまで精神科医として精神医学領域から出発し、教育や福祉の領域、そしていまでは臨床心理学領域に身を置いているため、時と場合によって両者を使い分けざるをえなかった。大学教員生活も終わりに近づいたいま、筆者自身がもっともしっくりくるものを用いることが、自分自身のアイデンティティを再確認するうえで必要ではないかと思うようになった。そのため本書では「精神療法」を用いている。

目次

装丁　上野かおる

理論編：発達障碍の精神療法における心得

第一章　発達障碍の精神療法に臨んで

序で述べたように、今日の〈発達障碍〉の広がりは、もはやひとつの疾病概念としての存在意義を認めることなど到底できないほどに拡散し、いまや何でもかんでも発達障碍のラベリングがされている。臨床医の多くは、理解に困窮する事例であればまずは〈発達障碍〉を念頭に置かなければならない時代になった。

「発達」と「障碍」について考える

以前から筆者は事あるごとに警告を発してきたが、このような無秩序な〈発達障碍〉拡散の元凶は、児童精神医学界が「発達」と「障碍」についてしっかりと向き合い検討してこなかったことにある。改めて日常の診療行為を振り返ってみると、多くの場合、診察場面で横断的に子ども（の病態）を観察することを手掛かりとし、あとは、家族からそれまでの発達経過に関する情報を得ることによって、診断と治療を考えている。では、臨床研究から治療論を構築しようとする場合、われわれは「発達」の「障碍」の内実を、いかなる方法で明らかにしようとしてきたのであろうか。

子どもを対象とする臨床医は、常日頃、家族から子どもの発達過程を聴取することを生業とするため、ややもすると、それだけで子どもの「発達」を捉えているという錯覚に陥りやすい。そこで多くの臨床医が口にする「発達」は、いつ頃どのようなことが出来るようになるか、という子どものさまざまな精神運動機能の能力発達を意味していることが大半である。穿った見方をすれば、子どもを診ること自体を「発達」を捉えているかのように思っているのではないか、とさえ訝しがりたくなるほどである。

しかし、現実の診療の制約を考えてみれば、従来の「発達」と「障碍」に対する理解が、このような個体能力発達（障碍）観に基づいているのは、ある意味仕方のないことかもしれない。横断的にしか子どもを捉えることができないという制約をもつ臨床医がもっとも頼りとするのは、いわば「客観的」指標とみなされてきた「知能検査」を初めとする諸検査の結果である。それをもとに、その障碍像を描出し「そこにどのような障碍特性を認めるか」を頼りにして診断と治療を組み立てたくなるのは、ごく自然な成り行きだからである。

精神療法におけるエヴィデンスとは

ここで問題としてまずとりあげなくてはならないのは、「客観的」データをもとに科学しようとする学問的態度である。このことについて筆者はごく最近『人間科学におけるエヴィデンスとは何か』（小林隆児・西研編、新曜社、二〇一五）を編み、そこで従来いわれてきた「客観」というものの内実を明らかにするなかで、実は「主観」を通した患者理解こそが、われわれのあいだでの共通理解を求める際にもっとも大切なことであることを論じた。

多くの臨床医や研究者はこれまで「客観」的でなければ科学的でないとする囚われから、「主観」的なことがらに対して極力、禁欲的な態度をとってきた。しかし、「主観」を抜きにした純粋な「客観」など現実にはあり得ないことを知る必要がある。

われわれは日頃から何気なく「主観」と「客観」という言葉を用いている。ある対象を認識する際に、認識する主体は「主観」とし、対象そのものは「客観」として存在すると考えている。「認識は、認識する主観の認識である」「認識には、認識される客観が対立する」。このように考えていくと、「認識は、認識された客観と認識自身との一致を確かめうるか」という問題が浮上する。ある対象を認識する際に、その対象そのもの（つまり客観）と認識された対象（主観）が同じかどうかをどうすれば確かめうるかという問題である。

主観（本人）によるその対象の認識が、対象そのものと同じかどうかを確かめるためには、確かめる主体が主観の外に出なくてはならないが、それは不可能である。よって、論理的に考える限り、人間は原理的に、その一致を確かめることはできないのだ。このように〈主観－客観〉図式に孕まれた矛盾を解き明かす必要性に迫られ、フッサールはその矛盾の根拠を明らかにした。それが「現象学」という哲学である。

自然科学によってもたらされた近代科学の実証主義は、仮説を立て、実験を繰り返すことによって、仮説（主観）を確かめる（客観に近づく）という方法であるが、これを精神医学や臨床心理学などの人間科学の分野にも応用することによって、面倒な問題が生まれた。先の〈主観－客観〉という前提から出発する限り、われわれが論理的に「主観」と「客観」が一致することは永遠に不可能であるからである。

そこでフッサールは発想の転換をおこなった。人間はただ「主観」の内側だけから正しさの根拠を掴みとっている。したがって、問題はその原理を「主観」の内側に内在させていることを明らかにすることだという。一般にわれわれが「客観」と称しているものの内実は、これが現実であることは「疑えない」と確信を持つことだからである。したがって、われわれにとって主題として考えなくてはならないのは、そのような確信がどのようにして生じるのかという「主観」のなかでの確信の条件を突きつめることである。

みずからの主観に向き合うことの大切さ

フッサール現象学の観点に立てば、私たち自身の「主観」の内側に確信を与えるものは何か。研究者が自身の内面を通してそのことを確実に掴み、自己開示し、他者も同様の「主観」による内省作業をおこなう。そのことによって相互間で「もはやこれ以上疑うことのできない」ものとしての確信が生まれてくる。共通認識を目指すこのような共同作業の過程こそ、これまでわれわれに「客観的だ」と思わせてくれているものの内実だということである。

このことは、精神療法に限らず、人間科学領域における対人援助全般に通底する意味（関係が変わり、相手のこころに何らかの変化が起こること）を考えていくうえでも、われわれに大きな力を与えてくれるのではないか。つまり、研究者自身がみずからの「主観」に徹底的に向き合い、そのなかで確かなものとして掴むものが、自己理解、他者理解、関係理解において根本的に重要だということである。

精神療法は〈患者－治療者〉の「関係性」に基づく実践である

臨床精神医学における治療としての精神療法という営みは、生身の人間（患者）に生身の人間（治療者・研究者）が関わるなかで遂行されるものである。治療者の存在自体が精神療法の質そのものを強く規定するものであって、治療者（研究者）が誰であっても同じであるような代物ではない。よって、精神療法について論じる際には、〈患者－治療者〉関係そのものを真正面からとりあげなければないし、それは時々刻々と変化し続けるなかでの実践である。よって精神療法の核心に迫るためには、〈患者－治療者〉関係で不断に生起する関係性に目を向けることが不可欠になる。

以上のように考えれば、精神療法において治療者の「主観」や患者との関わりのなかで立ち上がる「間主観」を積極的にとりあげることこそ大切なのだということがわかるのである。

第二章　あまのじゃく──関係病理の中核にある「甘え」のアンビヴァレンス

甘えのアンビヴァレンス

筆者が『「関係」からみる乳幼児期の自閉症スペクトラム』で述べた知見のなかで、とりわけ重要だと考えているもののひとつは、「○歳台ですでに、さらに一歳台ではより明瞭に、さまざまなかたちで〈アンビヴァレンス〉を見てとることができる」ということである。その原型は、次のようなこころの動きのゲシュタルトとして示すことができる。

母親が直接関わろうとすると回避的になるが、いざ母親がいなくなると、こころ細い反応を示す。しかし、母親と再会する段になると、再び回避的反応を示す。

ここでぜひとも注目してほしいのは、子どもの反応が母親の動きとの函数で生じていることである。母親が子どもとどのように関わるかによって、独特な子どもの反応が誘発されている。当然その逆に、子どもが母親にどのように関わるかによって、母親にも予想もつかないような反応が誘発されることもあるということである。そこで筆者はこの二者間のこころの動きのゲシュタルトを「あまのじゃく」と称した。

乳児期の母子関係の病理

この母子関係の病理の原型を、筆者は母子関係の直接観察によって得ることができたことが、その後の筆者の臨床実践において決定的な役割を果たしていることを、日々、実感している。なぜなら、これまで「個」の心性として語られてきた〈アンビヴァレンス〉を、先のような独特な関係の病理として捉えることを発見したからである。

「個」を中心にみてきた精神医学界では、〈アンビヴァレンス〉は「個人のなかに相反する感情や思い（たとえば愛と憎しみなど）が併存し同時にはたらくこと」を意味しているが、それを発達的観点から見ていくと、このような関係の病理として捉えることができるとわかったからである。このことは治療を考えるうえでも重要な鍵となる。

甘えのアンビヴァレンスへの対処行動

ついで重要な知見は、一歳台まで誰の目にも（その母子関係のありようを観察した者であれば）明らかであった関係病理が次第に背景に退き、二歳台になるとそれに代わって、多様な病理的行動が前景に出現することである。その主なものを具体的に述べたのが次頁【表1】である。以下、具体的に解説しよう。

（1）発達障碍に発展するもの

①母親に近寄ることができず　母親の顔色を気にしながらも離れて動き回る

子どもは遠くから母親に何かとサインめいた言動をとることもあるが、それに対して母親は、その意味を

表１：幼児期に見られるアンビヴァレンスへの多様な対処行動

（1）発達障碍に発展するもの

①母親に近寄ることができず、母親の顔色を気にしながらも離れて動き回る
②母親を回避し、一人で同じことを繰り返す
③何でもひとりでやろうとする、過度に自立的に振る舞う
④ことさら相手の嫌がることをして相手の関心を引く

（2）心身症・神経症的病態に発展するもの

①母親の意向に合わせることで認めてもらう

（3）操作的対人態度（人格障碍）に発展するもの

①母親に気に入られようとする
②母親の前であからさまに他人に甘えてみせる

（4）解離に発展するもの

①他のものに注意、関心をそらす

（5）精神病的病態に発展するもの

①過度に従順に振る舞う
②明確な対処法を見出すことができず周囲に圧倒される
③周囲を無視するようにしてひとりで悦に入る
④ひとり空想の世界に没入する

読み取ることが困難であるため、子どもは容易に母親に接近することができない。しかし、このような子どもに母親が近づいて関わろうとすると、すぐに子どもは、他のことに注意をそらして母親との関わりを避けようとする。こうして子どもは次々に関心を示す対象（物）を移していく。

目の前でこうした行動をとる子どもを見ると、母親（あるいは第三者）には「多動」「落ち着きがない」「注意が集中しない」「気移りが激しい」と映る。

②母親を回避し　一人で同じことを繰り返す

目の前の母親に対してみずからどのように関わったらよいかわからず、強い〈アンビヴァレンス〉を示す子どもは、母親との直接的な関わりを避け、なんとかして一人でひとつの物事に関心を注いで、自分の気持ちをおさめようとする。それは、ひとつの物事を介して同じことを繰り返すことである。

このような行動は、母親から見れば「常同反復行動」「繰り返し行動」と映る。

③何でもひとりでやろうとする　過度に自立的に振る舞う

子どもであれば誰でも、自分一人で何かをやろうとしてもうまくできないことが大半である。多くの子どもはそんなときには母親に助けを求める。しかし〈アンビヴァレンス〉の強い子どもはいかに困っていても、容易に手助けを求めることができない。そのため一人でやろうとしてもがくが、うまくできないためイライラが高じて、ついにはパニックを起こす。

何事も一人でやろうとする姿は「自立している」として肯定的に受け止める向きがあるかもしれない。しかし、それは仮初めの「自立した」姿であって、人に〝甘える〟あるいは「頼る」ことを知らないがゆえの痛々しい振る舞いであることを、われわれは知っておく必要がある。

④ことさら相手の嫌がることをして　相手の関心を引く

母子関係のこじれが強い場合、相手の嫌がることをして相手の関心を引こうとする子どもたちは少なくない。これまで発達障碍臨床で「挑発的行動」と言われてきたものである。ここで注意を促したいのは、子どもはけっして意図して母親を「挑発」しているのではないということである。「挑発的行動」という表現は、挑発されたと感じる大人の視点から捉えたものであって、子どもはあくまで「相手の注意・関心を自分の方に引き寄せたい」との思いから起こす行動だということである。もちろん、このような関係が長期化していけば、子ども自身も意図的にこのような行動するようにもなるが、それでも、この種の行動の背後に彼らの〈アンビヴァレンス〉を見てとることが重要である。

以上の四つの対処行動は、これまで発達障碍の診断の際に鍵となる症状として指摘されてきたものである。われわれ臨床家が症状として重視してきたこれらの言動は、筆者の研究によれば、「甘えたくても甘えられない」がゆえに高じた強い不安と緊張を、彼らなりに少しでも緩和しようと試みる対処行動だということである。

(2) 心身症・神経症的状態に発展するもの

①母親の意向に合わせることで認めてもらう

自分の気持ちを受け止めてもらえない子どもたちも、みずから生きていくためにどうしても母親の指示に従わざるをえない状況に追い込まれていく。そのため子どもは、強い〈アンビヴァレンス〉を体験しなくて済むために、「母親の意向に合わせて行動する」という選択を取る。このような行動は母親から見れば「良い子」に映る。これは一時的には適応的行動であるため、病理的言動は前景化し難い。しかし、〈アンビヴァレンス〉によって蓄積していく強い葛藤が前思春期以降になると、内的衝動の高まりによって、病理的言動を引き起こすことになる。発達障碍の子どもにも前思春期以降に心身症[5]あるいは神経症的反応[6]が認められるのはそのためである。

（3）操作的対人態度（人格障碍）に発展するもの

①母親に気に入られようとする

目の前の母親に対してどこか怯えるようにして警戒的態度をとりつつも、さり気なく母親に背を向けながら近づき、倒れかかるようにして身を寄せる。それは母親に「取り入る」あるいは「媚びる」と映る行動である。二歳台の子どもがこのような態度をとってまで母親の機嫌をとろうとする姿を目にすると、驚きを禁じえないが、いかに子どもたちが、いま置かれた状況のなかで懸命に生きようとしているかを教えられる。このような反応は、虐待が関与している事例に多い。先の「良い子になる」対処行動と比較すると、母親への警戒心はきわめて強く、様子を窺いつつ行動していることが推測される。

②母親の前であからさまに他人に甘えてみせる

母親を前にして赤の他人にわざとらしく身をすり寄せて甘えてみせる。まさに「当てつける」「見せつける」行動である。子どもの母親に向ける攻撃性を強く思わせる言動であるが、母親から見れば、怒りを誘発するものに映る。このような言動も、先の「取り入る」「媚びる」と同様に虐待が関与していることが少なくない。

以上、これらの対処行動は、古典的には「ヒステリー」においてよく指摘されたものだが、いまでは「虐待」との関連を念頭に置く必要がある。

（４）解離に発展するもの

①他のものに注意・関心をそらす

これは拙著『「関係」からみる乳幼児期の自閉症スペクトラム』ではとりあげていない。新奇場面法 *Strange Situation Procedure : SSP*〔以下ＳＳＰ〕で捉えることができなかったからである。しかし、その後、推敲を重ねていくなかで気づいたのだが、一歳台ですでに一人ぼっちになった後の母子再会場面で、母親と触れ合うほどに接近した途端に目をそらす反応は、二、三歳台になると、ＳＳＰではなく治療経過のなかで類似の反応として捉えることができる。具体的に一歳九ヶ月の女児での経験を示す。治療で母子関係も急速に改善しつつあった段階でのエピソードである。[7]

初回から女児は母子ユニット *Mother-Infant Unit : MIU*〔以下ＭＩＵ〕にあったビニールの大きなフープに興味を示し、母親に床に立てて回すように要求するようになった。第三回、フープを目にすると、自分から要求して母親にフープを回してもらった。しかし、それに夢中になることはなく、フープの先の遠くにあったおもちゃ箱の中のミニチュアの哺乳瓶が目に入ったのか、突然それを取りに行ったため、それまでの母子二人の遊びは途切れてしまった。

さらに、女児は母親にお手玉のようにしてボールをポーン、ポーンと投げてもらい、それを見て嬉しそうにしていたが、突然、上がったボールに合わせて上を向いた拍子に、天井のカメラが目に入ったのか、それに目を奪われてしまい、じっとカメラに見入ってしまった。唐突に注意がそれるために、いっしょにつき合っているわれわれも楽しい気分が持続せず、そのたびに、どこか寂しい思いを味わうのであった。

この記述では十分に反映されていないが、いま振り返ると、みんなでいっしょに遊び始めて気分が乗ってきて雰囲気が盛り上がった際にこのようなことがよく起こるということである。それは何を反映しているかといえば、子どもの情動興奮、とりわけ快の情動が高まっていくと、それを回避するようにして、このような行動が誘発されているのだ。快の情動興奮に身を委ねることに対する恐怖、つまり、〝甘え〟の心地よさを経験していないがために、それを回避するための反応ではないかと思われるのである。

のちのち発達障碍、子ども虐待事例でよく指摘される「解離」の萌芽のかたちをここに見てとることができる。

(5) 精神病的状態に発展するもの

① 過度に従順に振る舞う

先の「良い子になる」対処行動も、極端になると、母親の前ではまったく自己主張することなく、ただ言われた通りに振る舞い、自分を押し殺し、相手の言いなりになることになりかねない。そこに見るのはまさに、相手の意向に翻弄される子どもの姿である。このような事態が進行すると、主体性が育たず、子どもの自我発達に深刻な影響を及ぼす。時に、作為体験をも思わせる病理に発展する。[8]

② 明確な対処法を見出すことができず周囲に圧倒される

「甘えたくても甘えられない」というアンビヴァレントな事態が高じていけば、甘えたい相手に対して近づくことができない。かといって、それに代わって一人で何かで気を紛らわすこともできなくなる。いわばフリーズした状態で、よく虐待事例で取り沙汰されてきた病態である。そのような事態は、乳幼児期の強い〈アンビヴァレンス〉を体験してきた子どもに起こることであって、虐待事例の専売特許ではない。

筆者の知見からは、発達障碍とりわけ自閉症に併発するとして注目されてきた「カタトニア（緊張病）」[9]は乳幼児期の〈アンビヴァレンス〉の体験を基盤として生起するものだということができる。

③周囲を無視するようにしてひとりで悦に入る

三歳台に入ると、よりいっそう明確に、精神病的病態を捉えることができるようになる。不安と緊張を孕んだ母親との関係を回避して、唐突に「ひとり自分の世界で悦に入る」反応を見せる。それはまさに「軽い躁状態」を思わせるものである。躁状態は「他者との関わりを回避する」ことで起こる事態であることがわかる。

④ひとり空想の世界に没入する

これは筆者が四歳〇ヶ月の男児で経験したものだが[10]、SSPでひとりぼっちになった途端に、突然、自分の世界に没入して、ひとり芝居のようにして何か呟きながら誰かに語りかけるという反応を見せている。「精神病的言動」と言われてきたものであるが、SSPの観察からは明らかに「アンビヴァレンスが高じたことによる、極度な不安への対処行動」として出現したものである。

生涯発達の過程で

以上、乳幼児期においてわれわれが日常診療で捉えてきた病態の成り立ちについて、最近の知見をもとに論じてきた。では、それらの対処行動は、その後の生涯発達過程でどのような変容を遂げるであろうか。精神医学でとりあげられる精神病理はじつに多様である。そこでぜひとも考えたくなるのは、「乳幼児期の対処行動が、生涯発達過程で、どのようにして多様な精神病理の発現へと繋がっていくのか」という問題である。少々大胆な試みであるが、現時点で筆者なりに推論を交えて、その経路の概略図を描いてみた【図1】。

乳幼児期のアンビヴァレンスへの対処行動が辿る経路

この図で筆者が強調したいことは、大半の精神病理の発現のルーツに〝甘え〟のアンビヴァレンスがあるということである。

このような図を描くために、本来であれば対象事例を治療もせずにただ自然経過を観察し続けることが必要かもしれないが、そのようなことは人道的に許されるはずもない。そこで筆者が選択した研究方法は、いかなる年齢層のいかなる精神病理を示している事例であっても、精神療法において〈アンビヴァレンス〉に焦点を当てることによって関係修復（あるいはその兆し）が得られる、ということを示すことである。そうした治療を通して、いま現在の精神病理の基盤に〈アンビヴァレンス〉が深く関与していることを、結果的に証明できると考えたからである。本書では乳児から成人まで幅広い年齢層の治療例をとりあげているのは、そのためである。

ただ、この図を見る際に基本的に認識してほしいことがある。それは、ひとりの人間の選択する対処行動はひとつに限らないということである。時と場合によって、相手によって、あるいは発達過程によって、その対処行動は当然変化していく。

相手によって多様に選択するのは、処世術を考えると重要なことである。現に三〜五歳台の事例を検討すると、そのことが如実に示されていることがわかる。[11] なぜなら、それまで適切な治療を受けなかった場合、母子関係の悪循環が高じて、子どもにより多様で複雑な対処行動が生み出されていくことが危惧されるからである。ただし、それは「親子関係の組み合わせ次第だ」という一面があることも否定できない。ある事例では、子どもの繰り返し行動が強固になって、頑固なこだわりばかりが前景に出現していることもあるからである。

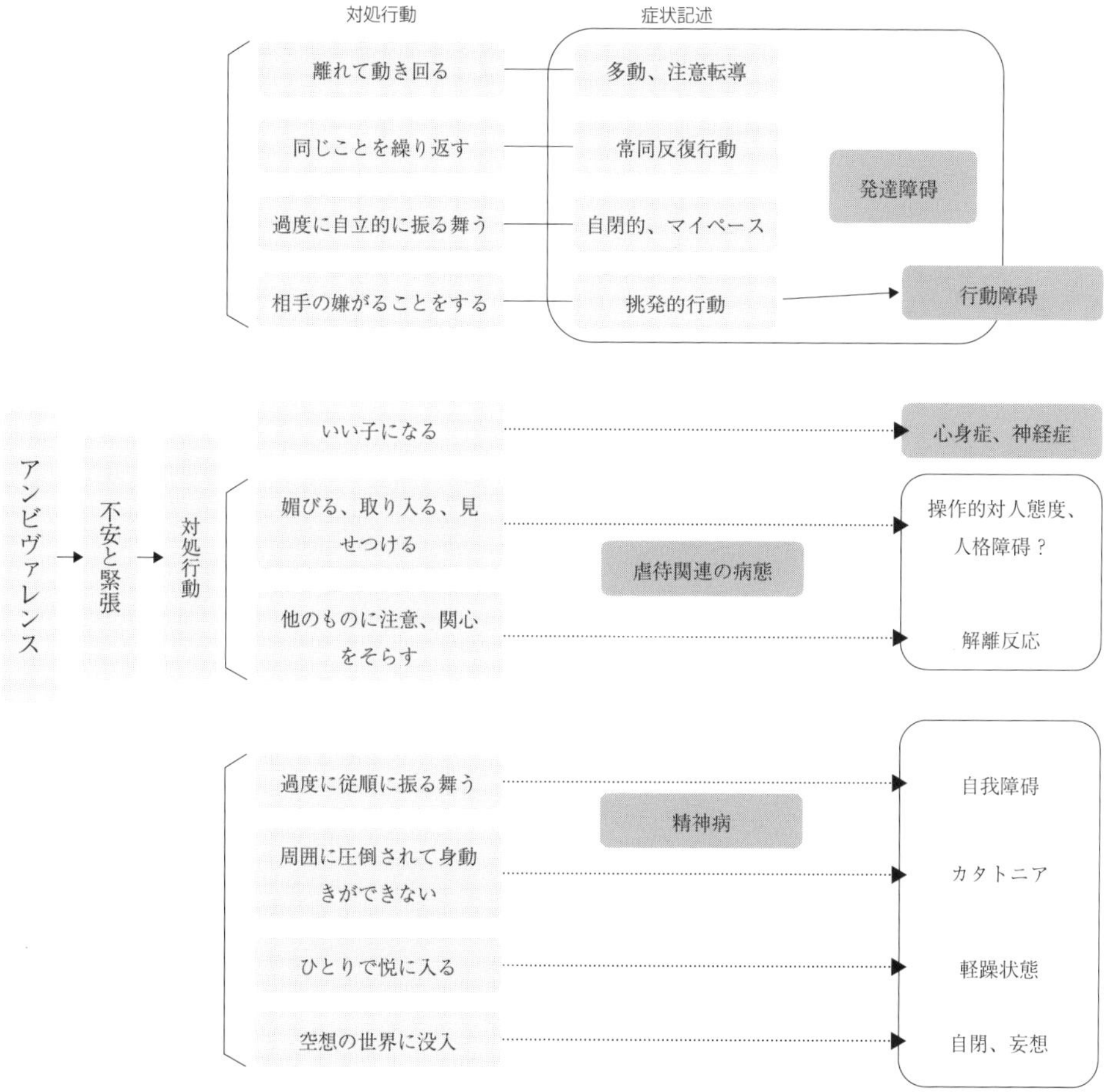

図１：アンビヴァレンスへの対処行動、症状、そのゆくえ

多様な問題行動

以上、これまで発達障碍圏、神経症圏、精神病圏などの症状とされてきたものが、乳幼児期早期のアンビヴァレンスへの対処行動として生起したものであることを推論も交えて示した。

このことからわれわれが学ばなければならないのは、これまで精神医学で症状とされてきたものに焦点を当てた診断と治療だけでは、その病態の本質には届かないということである。

症状の除去が治療の標的ではない

発達論的に見ていくと、乳幼児期早期の最初の人間関係の形成というもっとも重要な時期に、アンビヴァレンスゆえに関係障碍が生まれ、いつまでもアタッチメントが形成されず、子どもは常に強い不安と緊張に晒されることになる。そこでその不安と緊張を彼らなりに和らげたり、紛らわせたりするようになる。これまで症状とされてきたものは、そうした対処行動としての意味を持つと考えられる。

それゆえ、症状を除去することに焦点を当てた治療は、彼らの立場から見れば治療とはいえず、逆に彼らの不安をよりいっそう強めることになる。症状のみを消去しようとする治療行為は、患者から見れば、「溺るる者は藁をも掴む」にあるように、掴もうとしている藁を取り上げられるようなものである。

これまで「精神疾患は原因がわからない」との理由から、症状が標的にされやすいが、本来、求められるべき治療は〈アンビヴァレンス〉に焦点を当てた関係修復を目指す治療だ、ということを忘れてはならない。

第三章　原初的知覚と関係発達臨床の基盤

コミュニケーションのむずかしさ

発達障碍の臨床において、彼らとコミュニケーションをとろうとする際に、臨床家を悩ますことが多いのは、言葉が通じるようで通じない、あるいはその逆に、言葉が通じてないようで通じているという、一見すると矛盾した反応を少なからず体験するからである。

その最大の理由は、日頃われわれが、話し言葉を用いたコミュニケーションにおいて言葉そのもの（字義）でコミュニケーションが成り立っていると思い込んでいることに依っている。

ごく身近な例をとりあげてみよう。学校や施設の現場で職員がさかんに子どもに言葉で指示を出している。しかし、子どもは一向に指示どおりに動こうとしない。すると職員は、この子は言葉が理解できないからだと思いやすい。しかし、実際はそうでないことが多い。その職員の日頃の接し方、態度、指示したときの言葉の語調などが、その子にとって高圧的で文字どおり指示的であるため、つい子どもは拒否的・回避的になる。そんなことが現実には多い。

コミュニケーションは単に話し言葉の字義のみにより成り立っているのではなく、その基盤に、言葉以前の情動水準のコミュニケーションが息づいている。そのために先のようなことが起きているのだ。

情動的コミュニケーションの世界での知覚体験

なぜこのようなことを強く思うようになったかといえば、ＭＩＵで一、二歳の子どもたちが母親の前で顔色をうかがいながらいかにデリケートな振舞いを見せているかを常に目にしてきたからである。話し言葉を用いることが思うようにできない子どもたちは、何を手掛かりにいま置かれている状況に対処しようとしているか、われわれ臨床家は日々、鋭敏な感性を研ぎすまして感じ取らなければならない。この情動的（原初的）コミュニケーションは、先の例でいえば教師の子どもに接するときの関わりそのものが醸し出す雰囲気（力動感）を子どもが侵入的・侵襲的と感じ取り、思わず拒否的・回避的に反応しているということである。

このようなことは改めて強調するまでもなく、われわれも日頃の人間関係において常に感じ取っていることであって、なんら不思議なことではない。それにもかかわらず、発達障碍の子どもたちを例にすると、途端にそんな常識的な事柄が忘れ去られてしまいがちになる。その最大の要因は、学問のあり方そのものにあるのだ。言語認知障碍仮説が数十年前にわが国に紹介されて以来、自閉症をはじめとする発達障碍の子どもたちは「言語と認知の障碍ゆえに対人関係障碍がもたらされる」と、いまだに信じられているからである。

たしかに、話し言葉によるコミュニケーションに大きな困難を抱えていることは確かであるが、話し言葉を獲得する以前におけるコミュニケーション世界で彼らはどのような関わりを体験しているのか、その内実をほとんど明らかにしないままに発達障碍が研究されてきたことを、真摯に振り返る必要がある。

原初的知覚とはどのようなものか

コミュニケーションの発達過程を見ていくと、まずは子どもと養育者のあいだで情動的コミュニケーション、つまり情動が互いに響き合うというかたちで、両者の関係は深まっていく。それは、言語的コミュニケーションのように、言葉を聞いてその意味を理解し合うという次元での体験とは根本的に異なる。言葉の意味理解は、われわれの五感（なかでもとりわけ視聴覚の認知機能）が中心的役割を果たしているが、情動的コミュニケーションにおいては〈原初的知覚〉という独特な知覚が優位に機能しているのだ。

原初的知覚と五感の違い

人間における「視聴覚」は、五感のなかでも特に高度に分化した知覚機能であるが、〈原初的知覚〉はそれとは大きく性質を異にするもので、未分化な知覚機能である。

ここでいう未分化とは、われわれの日常的な五感で感じ分ける刺戟の特性如何にかかわらず、それらのすべてに共通した特性を鋭敏に感じ取るという性質を持つ。つまりは、人間特有の分化した五感すべてにおいてその底流に通じているもので、通常われわれはその存在に気づかない。なぜならそれは意識しない次元で機能しているからである。

特性からみたコミュニケーションの比較

ここでコミュニケーションについて整理しておこう。通常われわれはコミュニケーションについて考える際、言語的 *verbal* と非言語的 *non-verbal* の二つの分類に馴染んでいる。verbal が意味するように、前者は話し言葉、後者は表情や身振りでのコミュニケーションを指している。いずれも、コミュニケーション媒体は異なるものの、双方とも「象徴機能を有する」という意味では同質のコミュニケーションである。ある意味をもった媒体を介したコミュニケーションという点では、両者とも双方向性（伝え合う）という特性を持つ。ともに、伝え手がなんらかの意図を言葉や表情、身振りによって受け手に伝えることで成り立つ形態である。今日の時代はまさに情報が行き交っているという意味で、この種の世界がよりいっそう大きなウエイトを占めている。

筆者がここで主張しているのは、それらとはまったく質的に異なるものである。その相違点を示すと次頁【表2】のようになる。

かつて筆者は、関係発達臨床で得た知見を最初に報告した拙著『自閉症の関係障害臨床――母と子のあいだを治療する』[12]〔ミネルヴァ書房、二〇〇〇、二四三-二四四頁〕ですでにとりあげているが、対人関係論で有名なアメリカの精神科医サリヴァン[13] *Harry Stuck Sullivan* は精神医学的面接でのコミュニケーションで重要なのは、**verbal** ではなくヴォーカル **vocal** あると強調しているが、これは筆者がこれまで用いてきた情動的 *emotional* コミュニケーションとほぼ同義といっていいものである。**emotionl/vocal** がコミュニケーションの発達過程において **verbal/non-verbal** よりも根源的で、**verbal/non-verbal** の基盤をなし、いまなお脈々と息づいている。われわれは容易に気づかない次元のコミュニケーションであるが、発達障碍の人たちにおいては、それこそコミュニケーションにおいていまだに中心的役割を果たしていることが多い。彼らとわれわれとのあいだでコミュニケーションにズレが生まれやすい最大の要因は、このことにあるのだ。

なお、情動的コミュニケーションでは原初的知覚が中心的役割を果たしていることから原初的 *primitive* コミュニケーション[14]と称することもある。

原初的知覚は自己保存欲求に不可欠なもの

なぜこのように大きく異なる未分化な知覚と分化した知覚がわれわれ人間に備わっているのだろうか。前者の未分化な知覚は、後者の分化したそれと比較すると、刺戟を受けて反応するまでの時間はきわめて早い。なぜなら、この原初的知覚で刺戟を感知し価値判断をおこなう過程は、視床・扁桃体といった発生学的に古い皮質が司っているからである[15]。動物にも兼ね備えられた本能的なはたらきである。周囲に危険が迫った際にはすぐに察知し、行動を起こす必要がある。そうした自己保存欲求にとってなくてはならない機能なのだ。危険を察知した際には、危険から逃げるか、それとも危険なものと闘うか、行動を起こさなければ生

表２：コミュニケーションの二重性と知覚特性

コミュニケーションの二重性	知覚特性	分化度	発達段階
情動的（原初的）／ヴォーカル emotional(primitive)/vocal	原初的知覚	未分化	乳幼児期早期に優位 発達障碍では優位になりやすい
言語的／非言語的 verbal/non-verbal	視覚、聴覚を 中心とした五感	高度に分化	言語発達とともに優位になる

表３：コミュニケーションの二重性と脳機能

コミュニケーション	大脳の局在	反応速度	知覚の精度
emotional(primitive)/vocal	扁桃体 （古皮質）	速	粗
verbal/non-verbal	大脳皮質 （新皮質）	遅	緻

き残れない。

それゆえ人間においても、自分を脅かすような状況に置かれた際には、こうした判断と行動が求められる。それゆえ原初的知覚の反応速度はきわめて早い。しかし、その分、認知の仕方はきわめて粗いという特徴をも有する。

それに反して人間において高度に分化した五感（特に視聴覚）による認知は、緻密な分、反応速度は遅い。危険な状況で行動を起こす際には、それでは役に立たない。とにもかくにも自分の生命にとって危険か否かをいち早く察知することが求められる。いったい何者なのか詳細に識別することなどは、その際問題ではない。そんなことは、無事であることを確認した後で充分なのだ。

〈アンビヴァレンス〉という心理状態に置かれた発達障碍の子どもたちが常に不安と緊張に曝されていることを考えると、彼らにとって周りの者たちはすべて敵のような存在である[16]。〈原初的知覚〉が常に優位にはたらかざるを得ないのは必然的なことなのだ。人間にとっていかに安心感をもたらす存在が不可欠であるか、わかるであろう。

【表２】に準じて両者のコミュニケーションの相違

点をまとめると【表3】のようになる。

モノにヒトが貼り付いている

このように考えていくと、一見、不可思議な現象に思われるようなものも、とてもよくわかる。いくつか印象的なエピソードをとりあげてみよう。

筆者が自閉症者のための入所施設で嘱託医をしていたときのことである。職員のひとりから次のような話を聞いたことがある。

この施設には強度行動障碍を呈している人がたくさんいたが、そのなかでも特に激しい行動障碍を呈していた男性で、彼は奇声を上げて、強いこだわりを持っていた。彼のそばに不用意に近づくと突然、殴り掛かることもあるほどであった。だから、いつ何を起こすか常に警戒していなければならない。職員があるとき次のような光景を見た。

誰かが近くにあったドアを開け、そのままにしていた。すると彼はすぐさま、そのドアを元どおりにしようとしたのであるが、自分で閉めるだけでは納得できないのか、ドアを開けた人を連れ戻し閉めさせたというのである。

彼にとってそのドアは単なるドアではなかったのである。ドアにそれを開けた人が貼り付いていて、ドアだけを取り出すというふうにはならない。だから、わざわざその人を連れてきて、その人にドアを閉めさせたのではないか。

脳損傷患者にみられる抽象的態度の困難さ

失語症の研究で有名なクルト・ゴールドシュタイン[17] *Kurt Goldstein* が、脳の前頭葉損傷の患者に図形模写の検査をしたときの非常におもしろい話を述べている。なんの変哲もない正方形の図形を模写するように指示すると、その患者はできない。しかし、正方形の図形を上下左右に四つ重ね合わせてつなげた図形になると、すらすらと描けたという【図2】。

そこで、ゴールドシュタインは患者に「(正方形の図形を指して)これは何ですか?」と訊ねたところ患者は答えられない。しかしこの正方形を四つつなげた図形になると、「窓」と答えた。つまりその患者にとって、具体的な日常のなかで普段目にしているものとして、あるいは身近なものとして認識できたときにはなんの抵抗も無くそれを認識し、模写することができたが、単に正方形という抽象的な図形になると、認識することも模写することもできなかったのである。

先ほどの自閉症者がドアを開けっ放しにした人に対して取った行動と合い通じる話である。抽象的な図形は、患者にとってはその意味を掴めなかったが、正方形を四つつなげた図形は、日常生活での「窓」という具体物として認識することができたことで、模写することもできたというわけである。

われわれは日頃意識することなく、身の回りの世界のなかからある物だけを取り出して、これは○○だと認識することができる。それは抽象(具体的な物から何か特徴となるものを抽出して示すこと)というこころのはたらきであるが、そのことが自閉症の人たちやある脳損傷の患者たちには困難となり、身の回りの生活場面そのものと一体となったかたちで(つまり具体ないし具象的なかたちで)しか物事を捉えることができない。そういう認識のあり方が優位にはたらいているということである。そのため、彼らにとって対象物はそれに関係する人物が張り付いたかたち、つまりは具体的態度で捉えやすい。

このような一見、不可解な現象も、原初的知覚と五感の相違を念頭に置くことによって、その理由が見えてくる。すなわち、抽象的態度という精神機能は高度に分化した知覚機能である視聴覚のはたらきがあって初めて可能になるのである。

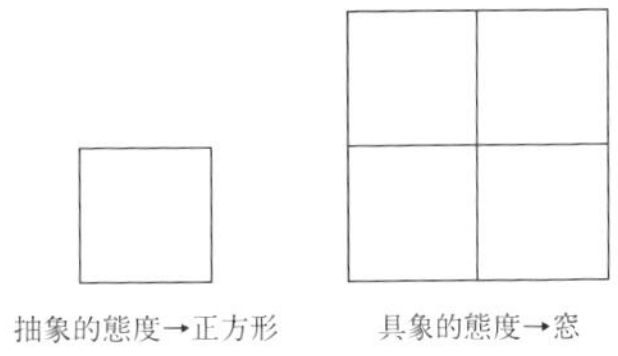

図2　正方形と窓

なぜ毒味という習慣は生まれたのか

もうひとつ面白い話がある。その施設の利用者たちは夕食の後、入浴して着替えてから食堂に集まることになっていた。そこでは毎日のように、職員による演奏のコンサートが開かれていた。コンサートが終わると、利用者の人たちにおやつが配られる。利用者はそれが楽しみで集まっていたが、おやつは職員が一人ひとりに手渡すことになっている。多くの利用者は喜んで受け取っているが、なぜか彼だけは、職員がおやつを手渡そうとしても受け取らなかった。おやつは欲しくないのかと思われたが、たまたまおやつが一個床に落ちていたら、彼はそれを自分で拾って食べたというのである。

彼にとって職員から手渡されるおやつは、単なるおやつではなかった。そのおやつに手渡す人が貼り付いて映っている。だから、職員が手渡そうとしたおやつは受け取らなかった。当時、彼はその職員に限らず周りのあらゆる人に対して非常に警戒的で、ピリピリしていた。彼にとってすべての人が敵のように映っていたのである。誰に対しても自分の気持ちを寄せることなどできなかった。そんな臨戦態勢ともいえる心理状態にあるとき、おやつだけを見て「美味しそうだから食べよう」とはならないのだ。おやつに警戒しているヒトが張り付いたかたちで、彼には飛び込んでくる。だから彼は、それをそのまま受け取って食べることができない。でも床に落ちていたおやつはそれとは違っていた。だから彼は落ちていたおやつを手に取って食べることはできたのである。

われわれにとってこのような話は、一見すると不思議に思われるかもしれないが、よくよく考えてみると、われわれも知らない人から「お菓子あげるよ」と言われたからといって、喜んで受け取ることはしない。変な物かもしれないと思うからである。「毒味」という習慣は、そのような人間の心理に基づいて生まれたものである。

これらのエピソードは、自閉症といわれる人たちの知覚体験世界を考えるときに、たいへん示唆に富んだものであることがわかる。

相貌的知覚とはどのようなものか

このように自閉症の人たちには、加齢を経ても原初的知覚が優位に機能していることが少なくないが、先のような性質をもつ〈原初的知覚〉は、その特性をもとに「相貌的知覚 *physiognomic percepion*」と称されている。

われわれは通常、心的事象を知覚、運動、情動といった様相に分けて論じて、かつそれらが本来、独立したものであるかのように考える傾向にある。しかし幼児では、知覚と純粋感情、観念と行動などの二項間が未分化で、原始的体制が支配的な心的生活のなかにいることを、ハインツ・ウェルナー(18) *Heinz Werner* は明らかにし、このような現象は幼児のみならず、古代人や脳損傷患者らの知覚様相にも共通して認められることを示した。そして、幼児や古代人のように、主体と対象が運動‐情動的反応によって媒介され、強く一体化されている場合には、物の把握の仕方は、静的ではなくむしろ力動的となるという。

森羅万象すべてに生命が宿る

このような力動化によって、彼らに知覚された物は「生きている」ように見え、実際には生命のないものでさえ、ある内的な生命力を顕わにしているようにみえてくると説明している。ウエルナーはこのような知覚現象を「相貌的知覚」と称したのである。森羅万象すべてに生命が宿るという世界体験のあり方は日本人の精神生活には馴染みのあるものである。とてもよくわかるのではなかろうかと思う。

このように「相貌的知覚」は、五感とは異なった独特な性質を持つ知覚様態で、生命を持たない対象でもまるで生き物であるかのように感じ取るという特徴がある。われわれにおいても非日常的な体験では、このような知覚体験を持つ。たとえば、仲間と山にハイキングに出かけ、ひとり道に迷い夜を迎えたとしよう。明かりひとつない闇夜でひとりこころ細い状態になれば、風で草木が揺れる音を聞いただけで、恐ろしいものに出くわしたかのように全身が凍りついてしまう。いつ何どき何が自分を襲ってくるかわからない恐怖に苛まれ、戦々恐々とする。臨戦態勢のような状況に置かれたならば、誰しもこのような知覚体験を持つものである。原初的知覚は、一切、頼れるもののない事態に置かれたならば、誰においても活発にはたらくものなのである。

なぜ彼らは外界刺戟を恐怖するか――知覚変容現象

ここで以前筆者が提唱した〈知覚変容現象〉[19]をとりあげてみたい。この概念は、発達障碍臨床のなかで、自閉症の人たちの外界認知のあり方に着目したのが契機となって生まれたものである。それまで何気なく捉えていた対象に対して、急に、怯えたり、怖がったりして目を背けるといった行動を目にすることを、少なからず経験していたからである。当時このような現象を筆者は「幼児期および思春期に少なからず認められ、自閉症児にとって環境世界がそれまでとは異なった様相で知覚され、情動が揺さぶられる（強い不安反応を示す）ことを推測させる事態」として捉えていた。具体的には、次のような現象を指す。当時すべての事例を、筆者は自閉症と診断していた。

二歳一〇ヶ月　男児　軽度遅滞　知的障碍通所施設

二歳六ヶ月――それまで飛んできて好んで見ていたＴＶのＣＭを怖がるようになり、母の背中にしがみついて隠れて見るようになった。しかし、要求も人指し指で指さしをするようになった。母の語りかけによく視線を向けて発声を盛んにするようになった。母も、積極的に相手をする姿勢が感じられた。母が「ピョンピョン」と呼びかけると、男児も思わず足を縮めて飛び上がる仕草をみせるなど、母子交流にも良好な兆しがはっきりと認められるようになった。

二歳一〇ヶ月――冬休みになって調子を崩してきた。誘因は、特に思い当たる節はないと母親は言う。最近の男児の様子の変化に母親は落ち込んでいる。何かをさせようとしても乗ってこなくなった。遊園地に連れていっても、落ち葉がひらひら舞うのを長時間眺め、茫然として突っ立っていることが多くなった。玩具を眺め回すのも、以前と様子が違って、いろいろな方向から斜め見することが多くなった。母の顔も、鼻がくっつくくらいに接近してじっと眺めるようになった。

それまでの男児にとっての環境世界が変容していることをうかがわせるような、恐怖や脅えが出現し始め、その後次第に、昏迷状態にまで達している。しかし、ただ不安に圧倒されているだけではなく、特異な視行動に見られるように、対象への特有な関心をも示しているのが特徴であった。

一八歳　男性　中等度遅滞　知的障碍就労支援施設通所

乳児期から物音にきわめて敏感ですぐに反応していた。

一歳一〇ヶ月――池に落ちて仮死状態になり、水やプールを極度に怖がるようになった。三歳、犬に顔面を咬まれ、十針も縫うほどの大けがをし、いまでも犬を極度に怖がっているが、このとき以来、言葉が増えなくなった。小学生のときは兄の行動を取り入れ、描画も兄の描いたものをそのまま模写していたが、中学以後次第に、独特な描画を示すようになった。

一八歳時、面接中に筆者が紙と鉛筆を手渡すと、ただ黙々と筆者をモデルに人物画を描き始めた。筆者をまじまじと眺めながら、顔は右上四分の一のみを拡大して描き【図3】、衣服の模様を極度に微細にしかも幾重にも力を入れて描いた【図4】。いつも緊張感に満ちあふれ、近寄りがたい雰囲気を醸し出している。描画の際も楽しい様子はなく、苦痛を伴っている様子がありありと伝わってくる。

兄弟とも自閉症の事例である。全体のゲシュタルトと微細な部分との区別が困難な独特な認知の様相を呈していることがうかがわれたが、背景の模様が前景に浮かび上がったり、対象の一部が浮き上がったりするという知覚の変容が推測される。

図３：顔右上四分の一が
拡大されて描かれた顔

図４：幾重にも重ね描きした衣服の模様

二五歳　女性　中等度遅滞　在宅

小中学校は普通学級で過ごし、比較的良好な適応状態であった。八歳頃から服装や化粧への関心が高まっていたが、高校二年、女友だちが自分より早く第二次性徴を迎えて乳房が大きくなったのを契機に、次第に周囲の人々の顔を見ることができなくなり、いつもうつむいて行動するようになった。「私は精神もこころも不順で、小さいときからいままで、ずっと、髪の毛も顔もおかしく見えるのです」（本人の記述による）と、卑小コンプレックスを思わせる内容の言動がますます強まってきた。そんな状態でこの一年、在宅生活が続いているが、最近になって、俎板についている小さな魚のマーク（魚料理用の面を示すためのもの）【図5】の目を怖がって母に「いや」と言って反対の面に裏返したり、メンソレータムの容器に描かれている女性像【図6】の目を自分の手で隠したりする仕草がみられるようになった。

思春期に入ってから容貌への囚われが強まっていたが、第二次性徴到来の遅れを契機に、自分の容姿への強い劣等感が増強し、妄想化していった事例である（詳細な治療経過については一七一－一八二頁を参照）。周囲の人の顔をまったく正視できず、いつもうつむいて過ごしているが、人の視線のみならず、まな板についている魚のマークの目や薬品の容器に描かれた女性像の目に至るまで恐怖心を持つようになったことを示している。マークが彼女には相貌的に（まるで生き物であるかのように）知覚されていることがよくわかる。

このような現象が彼らにはどのような形で体験されているかについては、自閉症者の回想を通して類推することは可能であるが、実際の当事者自身がみずからの体験を言語化することは、その時点では困難なことが多いため、「知覚変容体験」[20]と表現することは論理的に飛躍があり、推論の域を出ないため、当時「知覚変容現象」と記載するに留めたものである。

この概念を提唱した当初は、病態が悪化した兆候とだけ捉えていたが、その後、この種の現象が病態悪化のみならず、好転して関係回復の兆候が生まれた頃にも起こっていることに気づき、次のように考えるに至った。

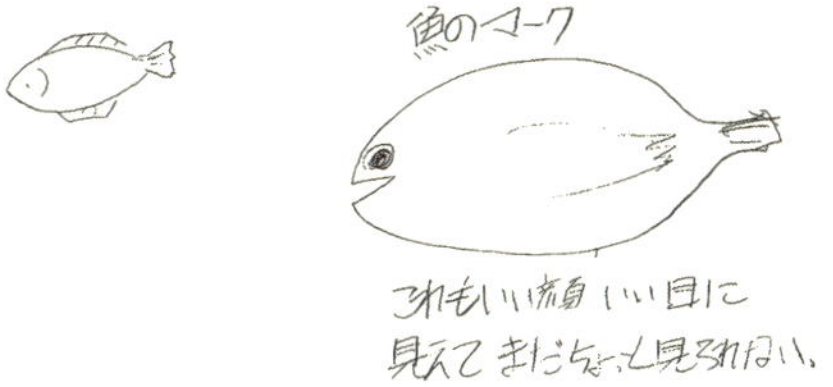

図５：まな板に印された魚の図柄（左）と患者の描写

図６：ある薬品に描かれた女性

病的バランスが崩される恐怖

「甘え」の〈アンビヴァレンス〉が自閉症の人たちに強い不安をもたらすため、彼らはそれにあまり振り回されないよう、さまざまな対処を試みることは先に述べた。病的ではあっても、そのようなかたちで彼らなりに〈アンビヴァレンス〉への対処を身につけていたとすれば、このような病的バランスが崩れる契機となるのは、〝甘え〟の情動が強く揺さぶられるときである。

それは、いっそうこころ細い事態に直面し〝甘え〟（誰かに頼りたい思い）が強まったとき、あるいは他者への関心が高まって「誰かに相手をしてほしい」気持ちが刺戟されたときなどである。そのような事態に直面すると、対象知覚において相貌性が前景に浮かび上がり、恐ろしい形相で迫る。「知覚変容現象」はそうした心的変化を示唆する現象ではないか。このような環境世界の変容をもたらしているのは、文字どおり「相貌的知覚」[21]のはたらきに依るところが大きい。

原初的知覚としての力動感

精神分析学者で発達心理学者でもあり数年前に亡くなったダニエル・スターン[22] *Daniel Stern* の理論の鍵概念である「力動感 *vitality affect*」も同じような性質をもつ知覚様態で、「相貌的知覚」とともに原初的知覚の一種である。ただ、「相貌的知覚」では、生命のない対象でも生き物であるかのように捉える特性に重きが置かれているが、「力動感」では、知覚様相が異なった刺戟でもそこに共通する刺戟の動きを鋭敏に感じ取る、という特性に焦点を当てて切り取った概念である。これらと類似の概念として「交叉様相知覚」「無様相知覚」「共感覚」などがあるが、精神病理学者・木村敏[23]や哲学者・中村雄二郎[24]が重視したアリストテレスのいう「共通感覚 *sensus communis*（*common sense*）」もこれと類似の概念といっていいであろう。いずれにせよこれら類似の術語は、切り口の違いから同じような現象のさまざまな特性をあぶり出していると考えてよいのではないか。

「甘え」体験と原初的知覚

ここでぜひとも筆者は強調したいのは、これらの〈原初的知覚〉による独特な体験が、自他の〝甘え〟を感知する際にも重要な役割を果たしていることである。

〝甘え〟というこころの動きは、他者との関係のなかで生起するもので、こころ細くなると、他者に接近するとともに〝甘え〟という肯定的な情動も立ち上がる。このようなこころの動きは、乳幼児であれば、実際に目の前の母親に近づき抱っこを要求するという目に見えるかたちで示される。しかし加齢を経ると、そのようなこころの動きは内在化され、当人自身にしか気づくことのできない内面の動きへと変容を遂げる。よって、われわれが他者のそうしたこころの動きを捉えるためには、みずから感じ取るしか術がなくなるのだ。

「甘え」起源の多様な和語

〝甘え〟を起源とするこころの動きは、じつに多様な和語で記述されている。たとえば「あまのじゃく」「臍《へそ》曲がり」「旋毛《つむじ》曲り」「無い物ねだり」、さらには「取り入る」「媚《こ》びる」「阿《おもね》る」「諂《へつら》う」「靡《なび》く」「当てつける」「見せつける」など枚挙に暇がないほどである。

ここに挙げたものはすべて「拗《す》ねる」をはじめとする屈折した〝甘え〟の心理を描写したものであるが、われわれはそれらすべてを経験的に理解することができることによって、患者のそうした心理についても同様に把握することができる。その際に大切なことは、患者のこころの動きにみずからの身を重ねることである。そうすれば、自分のこころを内省することによって気づくことができるようになる。ただし、このような理解が容易なのは〝甘え〟文化のなかで育ったわれわれ日本人だけなのかもしれないが。

体感的に捉えてメタファで表現する

ここで重要なことは、五感による体験は「〜が見える」「〜が聞こえる」というように明確に言葉で表現することができる知覚体験で、誰でも「客観的に」捉えることができるが、〈原初的知覚〉による体験は、時々刻々と変化する動きそのものを捉える知覚体験である。よって、誰もが「客観的に」捉えて目に見えるかたちで示すことはできない。「〜のように感じる」というかたちで表現し合うことで初めて了解できる体験である。したがってこの種の体験は、アクチュアルにしか捉えることができず、そのためメタファで表現するしか術がないのである。

表４：コミュニケーションの二重性と体験様式

コミュニケーション	時間の流れ	相互性	体験様式	言語表現	共感	現実
emotional（primitive）/vocal	共時的 （同時的）	感じ合う	腑に落ちる	～のように感じる ～みたい	sympathy （共鳴、感応）	actuality
verbal/non-verbal	通時的	伝え合う	頭でわかる	～が見える ～が聞こえる	empathy （共感）	reality

先の表【表2】に準じて、コミュニケーションの相違点から体験様式とその言語表現を比較すると、上【表4】のようになる。われわれの物事の理解のあり方には「腑に落ちる」体験と「頭でわかる」体験がある。この両者の相違も、先のコミュニケーションの質的差異と照合するとよくわかる。

常日頃、精神療法の場でわれわれは「共感」を重視しているが、「共感」を示す用語にもふたつある。sympathy と empathy である。どちらも「共感」と訳されているが、質的には明確な差異がある。身体で反応する次元での共感は sympathy であって、おもに知的理解の次元での共感は empathy である。われわれが目指すのは sympathy を基盤とした empathy だとも言うことができるのである。ちなみに〈アンビヴァレンス〉を「いま－ここ」で捕捉する際の現実はアクチュアリティ *actuality* で、患者が何を語ったかを聞き取る際の現実はリアリティ *reality* として同様に対比できる。

第四章　アンビヴァレンスの表現型

関係発達臨床において何より大切なのは、乳幼児期早期段階で見られる〝甘え〟の〈アンビヴァレンス〉がどのようなかたちで表に現れるのか、その内実を、しっかりと実感を持って捕捉できるようになることである。このことがわれわれ臨床家に強く求められるが、じつはもっともむずかしいことでもある。

土居健郎はこの点について晩年次のように語っている〔集団療法でいかにして患者を理解するかについて語るなかで：筆者注〕――

「この甘えとアンビヴァレンスとは実は背中合わせなのである。〔中略〕したがって、その辺の事情を承知していれば、日本人のグループ過程に伴う葛藤を十分に捉えることが可能になるのである。それはしばしば非常に微妙な、それこそ言語化されないような、声の抑揚、身振り手振りといったような所作であることが多い。ただ、このような微妙な手掛かりを捉えるためには、治療者自身十分「甘え」の心理に習熟していなければならないだろう。なによりも自分の甘えがわかっていなければならない。言い換えれば自分のアンビヴァレンスが見えていなければならない。そしてそれこそもっとも困難なことであるといわなければならないのである」〔『臨床精神医学の方法』岩崎学術出版社、二〇〇九、二六‐二七頁〕。

ここで土居は、アンビヴァレンスは「微妙な、言語化されないような、声の抑揚、身振り手振りといったような所作」として表現されると述べている。ここに土居が、観察可能な患者の微妙な言動を通してその〈アンビヴァレンス〉をどのようにして感じ取っていたかを、うかがい知ることができる。しかし残念なことに、

〈アンビヴァレンス〉の現われをこれ以上、具体的なかたちで論じてはいない。

初期段階での具体的なかたち

そこで筆者は、乳幼児期におけるアンビヴァレンスの現われを具体的に母子の関係病理として捉えることができたことによって、「その表現型がその後どのように変容するか」についても捉えることができるようになったと思う。以下、その現われを、ライフステージに沿って具体的に描写してみることにしよう。なお、事例の年齢と性別のあとの括弧内は、その事例を筆者が診察した場所を指す。これまで筆者はＭＩＵのみならず、その他にもいろいろな場で臨床をおこなってきたからである。

乳児期

四ヶ月の男児（ＭＩＵ）

生後四ヶ月にもかかわらず、母親は「この子が自閉症ではないか」という不安に駆られての受診であった。母親の話では、生後二日目から「この子は自分と視線を合わさない」というのである。小児科に受診しても、担当医は大丈夫だと言うばかりで、母親自身の思いは少しも配慮してくれない、との不満をぶちまけていた。初診時、筆者は母子二人で会った。[25]

はじめ母親は子どもを床に仰向けに寝かせて、筆者と話をしていたが、しばらくして筆者は母親から子どもを受け取り、抱きかかえてみた。そのときには、筆者が子どもと顔を向き合わせようとすると顔を横に背ける。抱きかかえていても顔は横を向いている。つぎに筆者は床に座って「たかい、たかい」と声を上げながら高く抱え上げると、子どもは顔をくしゃくしゃにして笑顔を見せ始める。このときは視線も合うようになる。筆者があやすと、子どもは笑顔を浮かべ、少しのあいだは視線を合わせるが、すぐにそらす。筆者がもっとも気になったのは、子どもは筆者に抱かれていると、母親の方を見つめ、母親が抱きかかえると筆者の方を見つめるようになったことである。

ここに、母子間での子どもの母親に対して向ける特徴を見て取ることができる、母親から離れると母親の方に気持ちが引き寄せられるが、それとは逆に、母親に密着しそうになると、途端に気持ちが離れてしまうという独特の関係のありようである。

なぜ子どもが母親に対してこのように振る舞うかといえば、育児不安に圧倒されそうになっている母親から醸し出されるオーラとともに、母親の眼差しの突き刺すような力動感が、子どもには不快な刺戟となり強い不安を引き起こすからである。ここに見られる子どもの母親に対する態度はまさに〝あまのじゃく〟と言ってもよい関係のとり方である。

八ヶ月の男児（M－U）

母親の訴えは、子どもがおかしいのではないかということであった。さほど待ち望んで産んだ子どもではない、元気な子どもであればよいと思っていた。第一子と同様、帝王切開での出産だった。満期分娩であったが、乳児期からあまり泣かずおとなしかった。母乳さえ飲ませていればおとなしく眠っていた。四、五ヶ月まで母乳をやった。その頃から心配になった。顔をこちらに向けて抱いてやっても母親の方に顔を向けない。すぐに他の方に視線をそらしてしまう。次第にうつになり、一時期母子心中まで考えた。八ヶ月で保健所に相談に行ったが、普通の子だと言わる。県の総合病院に行っても母親の問題ばかりが指摘され、母親の抱いている子どもへの不安を受け止めてもらえなかった。まもなく筆者のもとへ受診となった。(26)

とても不安の強い母親、そして、ただ黙って座っている父親。診察室に重苦しい空気が流れている。母親が子どもを抱いて目を合わせようとすると、子どもはすぐに視線をそらして他の物に視線を向ける。筆者が子どもを抱き上げ視線を合わせようとしても、ポケットについた名札をすぐに手でいじり、さらに眼鏡を扱おうとする。視線はまったくといっていいほど合わない。ミニカーを扱うことが多いが、車を逆さまにしてタイヤをぎこちない手でもって回そうとするなど、回転するものへの関心が強い。抱かれても抱かれやすい姿勢をとらず、すぐにぐずって動き始め、一時もじっとしていない。とにかく動きが激しい。はいはいのとき、親指を内側に巻き込みながら両手を丸めてはいはいしている。

出産直後から乳児に異変が認められている。泣き声を一切出さず、自分で指しゃぶりをして母親を求めようとしない。そんな状態から、次第に母子関係は深刻さを増して、ついには、動きが盛んになると落ち着きのなさが目立ち始めている。人よりも物への関心と興味が強まっている。生後八ヶ月で自閉症とされる病態がほぼ完成していることを教えられる事例である。

九ヶ月の女児（精神科クリニック）

母親になつかないという相談であった。[27] 話を聞くと、現在の母親の心配は以下のような深刻な内容であった。あやしても笑わないなど、親子間でコミュニケーションらしいものがとれない。離乳食で相手をしていても、顔を斜めにして目をそらすなど、視線が合いにくい。遠目でにっこり笑うこともあるが、他人にも同じようにするし、母親が近づくとすぐに目をそらす。甲高い不機嫌な声を出すことが多い。指差しをしても、指先をみない。名前を呼んでも振り向かない。母親が声をかけても母親の顔をまったく見ない。音に敏感で、誰かの話し声や物音にはすぐに反応して、そちらの方を見る。大人のやることを模倣することもない。大学病院の主治医はまったく問題はないと言うばかりであった（詳細な治療経過については七九－八七頁を参照）。

初診時、他のスタッフが相手をしている最中に、筆者が入室。こちらにちらっと視線を向けて、用心深そうな表情を浮かべている。人見知りらしき反応は見せたが、そばにいた母親に接近することはない。筆者が近づいて抱きかかえると、嫌がるような抵抗を見せないが、身を固くして無表情でおとなしく抱かれている。

母親は懸命になって女児からなんとか反応を引き出そうとしている。そんな姿が痛々しい。一週間後の面接での一コマである。

子どもはまったく母親の存在を無視しているかというとそうではなく、さかんに母親に近寄って膝の上に登っていくが、いざ母親が抱っこしようとすると、すぐにむずかって降りようとする。母親が降ろすと、すぐにまたむずかり始め、母親の膝の上に登ろうとする。このような行動を繰り返している。

先の四ヶ月の男児に見られる母子関係の特徴が、ここではより明瞭なかたちで捉えることができる。ここに見られる独特な母子関係の様相も〝あまのじゃく〟として捉えることのできる特有な関係の病理である。

幼児期

二歳一一ヶ月の男児（精神科クリニック）

ある雑誌に掲載された筆者の拙稿を読んで、祖母が孫の相談を希望して、母親とともに受診した。自閉症ではないかとの心配であった。三人そろって診察室に入って間もなくの場面である。

男児は小柄で、動きが激しく、診察室でおとなしくしていない。イライラしたような甲高い声をあげている。おもに祖母が話し、母親も、男児の相手をしてくれないので面白くないのか、目に付く物を手当たり次第手に取って放り投げたり、床にねそべったりしている。そうかと思うと、診察室の本棚の本を取り出してぺらぺらめくる。ついに、スチール製の戸棚にかけてあった鍵をいじって取ろうとする。周囲の大人たちが慌てて目をやると、さもうれしそうな表情を見せている。周りの様子を見ながら、いかにして気を引こうかと、彼なりに必死になっていることがよくわかる振る舞いである。

男児は母親のそばを避けるようにして、さり気なく筆者のそばに寄ってくる。話の途中でも、筆者が手招きして誘うと、驚くほど無抵抗に寄ってくる。目の前に母親と祖母がいるにもかかわらず、筆者の誘いにすんなりと応じるところに、彼の母親への「当て付ける」思いを感じ取ることができる。

そんな思いを抱きながら、なぜ男児はそんな気持ちになったのか、家族背景を詳しく訊いていった。すると、つぎのような大変な事情があることがわかってきた。

最初に男児の異常に気づいたのは保育士をしている彼の叔母であった。一歳過ぎた頃から表情が乏しいことが気になっていたそうである。一歳半には、男児がにこにこしない、目が合わないことを祖父母が心配するようになった。筆者は、母親ではなく他の身内の者が最初に男児の異常に気づいているのが気になった。母親には男児の異常に気づきにくいような事情があるに違いないと思ったからである。

一歳までは「アン〔パンマン〕」「オワーッタ〔終わった〕」「アカ〔赤〕」など、片言をしゃべっていたが、以後まったく語彙は増えず、次第に言葉は消えていく。

二歳上の姉はいまでも強い人見知りがあるというが、特に男児を妊娠中、母親以外の誰にも抱かれたがらないため、母親がいつも抱っこして相手をしてやらないといけなかった。毎晩深夜の二時まで、目を開けて泣き続け、寝つかせるまでに数時間かかり、食事も二時間ほどかかったそうである。いまでも、母親が少しでもいなくなると、すぐに探してそばに居ようとする。

一歳二ヶ月の頃、姉に手がかかって大変なので、少し早く幼稚園に通わせるようになる。男児も母親に抱かれて片道四〇分ほどかけての送迎での付き合いが始まった。母親は姉の世話に手を焼き、自分ひとりではとても対応できず、助けを借りたい状況にあった。しかし、父親の仕事は夜勤で、家にいるときは寝てばかりの生活で、子育ての協力などまったく当てにできなかった。

一歳になってまもなく、母親は次子を妊娠するが、六ヶ月で流産し、一週間の入院を余儀なくされた。

一歳一〇ヶ月、三度目の妊娠は八週で再び流産となるが、その直後に、新居に引っ越した。しかし、その頃インフルエンザに罹患し、近くの実家に帰省することになった。咳があまりに激しくて肋骨を二本骨折したことがあとで判明するなど、つぎつぎに大変な事態が起こっている。

母親にべったりの姉に反して、男児は生まれてからずっとおとなしく、よく眠り、よく食べ、哺乳瓶を自分で手に取り、ひとりで飲んでいた。

筆者はこれまでの話を聞いていて、とても重い気分に襲われた。男児は母親のお腹にいるときから、姉の泣き声とイライラした母親の気持ちを全身で感じ取りながら胎内生活を送り、生まれてからもつぎつぎと襲ってくる事態に接して、こころ細いながらも、どうしたらよいかもがいていたのであろうが、なす術もなくひとりおとなしく過ごしていたのではないかと想像されたのである。

そんななかで、母親の性格について祖母から話が出てきた。何事もすぐにやらないと気が済まない気性で、結婚するときも式場を決めてから両親に報告するなど、相手の都合などに気が回りかねる人であることがわかった。そこで筆者は気になったので、母親に、男児の相手をしているとき、どのようにして過ごしているかを訊ねると、案の定、スマートフォンをいじって他のことを考えていることが多く、目の前の男児のことなど念頭にないことも少なくないと述懐した。

男児は周りの大人にいかに自分の方に注目させるかに必死で、思いつくことをつぎつぎにやってはこちらを困らせている。「挑発的行動」と言われているものである。ただし、彼の行動はけっして他者を「挑発」しようとしておこなっているのではない。自分への関心を引こうとしておこなっている。

生育史からわかるように、男児は胎生期から、あわただしい胎内環境に置かれ、生まれてからも同様の状態が続き、外界に対して鋭敏な感覚を研ぎ澄まし、彼なりにどう振舞ったらよいかを考えながら、必死の思いで生きてきたことが推測されるのである。

三歳六ヶ月の男児（精神科病院外来）

祖母が孫のことで気になるということで、母子とともに受診。

乳児期から一人遊びが多く、手のかからないおとなしい子どもだった。言葉をまったくしゃべらず、母親にもなつかない。誰が相手をしていても平気だった。

一歳半、名前を呼んでも振り向かず、曾祖母の介護に追われていた母親も次第に気になり、耳鼻科を受診した。聴力検査で異常はなかったので、それ以上には相談に行くことはなかった。母親は、子どもを背負いながら、嫁ぎ先の曾祖母の介護を続けていた。当時を振り返ると、曾祖母の下の世話をしていたことだけが母親の脳裏には浮かぶというほどだという。一年半ほど経って曾祖母が病院に入院することになり、母親は結婚後、初めて介護から解放された。

母親もやっと子どものことに気持ちが向き始めると、子どもの行動ひとつひとつが気になり始めた。二歳半、子ども病院神経科を受診。そこで自閉症と診断された。子どもが自閉症と診断されてから、父親の気分はさらに落ち込んで、塞ぎ込むようになった。母親としては今後どうしたらよいか、お先真っ暗な心境になった。そんなときに母方祖母が筆者の本を読んだことがきっかけで、当院を受診することになった。

初回面接で、これまでの経過について母親に詳しく聞いた。子どももいっしょにいたが、診察室内でうろうろ動き回っていた。その間、母方祖母は待合室で座って待っていた。話の途中から、子どもは診察室のドアを半開きにして、身体半分を診察室の中に入れ、後の半分を外に出して、ドアに挟まれたような状態で動こうとしなくなった。診察室の外には祖母が、中には母親がいたが、子どもは両者のあいだでどちらに行こうか迷っているように見えた。

母親と祖母とのあいだで揺れ動く子どもの気持ちがよく示されているが、これこそまさに〈アンビヴァレンス〉そのものを示している。

四歳〇ヶ月の男児（M－U）

主訴は、言葉の遅れ、視線回避、会話が一方通行、オウム返し、独語、偏った好み。(28)

胎生期は特に問題はなかった。出生時、臍帯巻絡で出生後一分くらい産声をあげなかった。乳幼児期は、喘息がひどく、生後一年は寝てばかりであった。そのころから、視線を回避し、無表情で、もの静かな子であった。人見知りがなかったために、手のかからない子だと思っていた。

一歳前にはハイハイをせずにいきなり歩けるようになった。一歳六ヶ月健診では保健師からは特に異常は指摘されなかった。二歳健診のとき、初めて言葉の遅れを指摘された。言葉はなかなか出てこなかった。二歳半、ようやく発語。三歳健診時、保健師から母子通級の活動を勧められたが、男児が嫌がるのですぐにやめた。

その後、スプーンやフォークをお守り代わりのように四六時中握って放そうとしない時期があったが、いつの間にか消えた。三歳半のときに、こども病院を受診。脳波と聴力の検査を受けたが異常なし。発達の遅れを指摘された。

幼児期から現在まで、自分の世界に没頭することが多く、天井を見て笑い出したり、手をヒラヒラさせたり、ブツブツと一人で物語をつくってつぶやくことがしばしば見られる。自分から何か言うときには独特な言葉を使うことが多く、コミュニケーションは難しい。聞かれたことに対してオウム返しで答えることも多い。

現在は保育園に通っている。入園後、初めの三ヶ月は泣くことが多く、母親となかなか離れられなかった。しかし、保育園に慣れるにつれて、いままでできなかったことも少しずつできるようになった。集団行動にも少しずつ参加できるようになった。両親が自閉症を疑い、筆者の外来を受診した。

早速ＭＩＵに導入し、家族みんな（両親と姉）で自由に遊んでもらった。そこでの印象的なエピソードである。

姉は部屋に入るなり、興奮しながら目にした玩具を自由に手にとって遊び始める。両親は男児をなんとかいっしょに遊ばせようとしていろいろと誘いかけるが、男児は両親から離れて一人で勝手に遊んでいる。そんな状態がずっと続き、結局最後まで男児は家族のなかに加わることはなかったが、時間が来たので、筆者がそろそろ終わろうと合図を送ると、両親は玩具を片付け始めた。すると、その様子を見た男児は部屋の中央に出てきて、元気よく遊び始めたのである。

みんないっしょに遊ぼうとすると回避的になるが、いざみんなが終わろうとして片付けモードになった途端に、逆に男児は遊び始める。文字どおり〝あまのじゃく〟な行動である。

学童期

八歳九ヶ月の女児（小学三年）（精神科クリニック）

不登校、反抗的態度、落ち着きがない、片付けない、など母親からの相談であった。

一ヶ月ほどまえから学校に行かず、家にばかりいる。イライラしてキレやすい。乳幼児期から落ち着きがなく、育てるのが大変だったというが、二歳すぎると母親の嫌がることを盛んにするようになった。そのため叱りつけることが多くなった。母親は五年前から、パニック障碍の診断で心療内科に通院している。初診時の母子同席場面での様子である。

最初は女児と一対一での面接。筆者の前では素直な態度で挨拶し、こちらの話を聞こうとする態度を示している。しかし、何を訊ねても自分の気持ちを言葉にすることは難しく、すぐに黙りこんでしまう。母子同席になると途端に、手に持っていた漫画本を見続け、母親を無視するような態度をとっている。

筆者が時折質問をすると即座に応答するところをみると、母親に対する意図的な反抗的態度で「拗ねている」ことがよく見て取れる。この女児のとっている態度は明らかに、母親の気を引くための挑発的行動であるが、その挑発に母親は文字どおり乗せられている。

母親の話によれば、こちらに来る前に受診した小児科でＡＤＨＤと言われ検査を受けているという。母親もＡＤＨＤに関する本を読んで、この子は脳障碍だからと悲観的に考えている。そこで母親自身の状態を訊ねると、やる気が出ない、気分の浮き沈みが激しい、人前で気遣いが強い、家の中でひとりでいると寂しくて仕方がないほどだという。

そんな状態であるためであろう、母親は子どもの気持ちを思いやることなど難しく、自分をイライラさせる娘に腹立たしい気持ちが強い。娘に文句や注意ばかり言ってしまう。そんな関係の悪循環がよく見てとれる。

青年期前期（中学生）

一二歳七ヶ月の男児（中学一年）（大学病院精神科）

両親に連れられなかば強制的に受診させられている。親の訴えによると、学校に適応できない、学校へ行こうとしない、自宅に引き込もっているということであった[29]。

地元の酒屋の三人息子の次男坊として誕生。幼少期から風変わりな子どもで、手がかからずひとりおとなしく本を読んでいることが多く、外出して子ども同志で遊ぶことは少なかった。他方では強がりで意地張りな性格だった。幼稚園の頃から男児の知能の優秀さに気づいた父親は、小学校一年のときに百科辞典を買い与え、大きな期待をかけていた。

小学校の成績は抜群で、中学校は関西の有名校に進学した。遠方のため男児は下宿生活をさせ、両親は二週間に一度通って様子をみるという生活が始まった。しかし、一学期の中間考査であまり良い成績をとれなかったことから、次第に元気がなくなり、落ち着かなくなった。家族も行ってみるが、状態は悪化するばかりだった。ついに夏休み以後は、休学し実家に帰った。誰とも口をきかなくなったので、父親の同伴で精神科病院を受診し、そこで小児統合失調症を疑われ、大学病院を紹介されて間もなく受診した。以下は初診時の状態である。

落ち着きが無くまったくふざけたような応対であった。問いかけても返事をまともにはせず、傍にあった血圧計をいじりはじめ、それを力一杯ふくらませてマンシェットをいまにも破裂寸前までにしたり、すぐ部屋から出てゆこうとする。医師が眼を診察しようとすると、ことさらに眼を閉じようとする。聴診器を当てようとすると、膜のところにわざと口をもってゆき大声で叫び、悪ふざけと思える行動の連続であった。問診の一コマを再現すると、次のようなひねくれた応対が特徴的であった。

《N中学校にはK市から何人行った？》

『一人と一匹』

《今日は何に乗って来た？》

『何でもいいだろう』

《新幹線？》

『乗る権利あるだろ』

（ふざけていることを指摘すると）

『俺がふざけたらいかんというんか』

と悪態をつき、さかんに持っていた本を読んでいる振りをして、そのなかに逃避しようとしているが、他方では『入院させるんですか。はっきり言って下さい』と、こちらに挑戦的で相手をかなり意識し、おびやかされるのをおそれている様子もうかがわれた。

筆者は当時研修医を終えたばかりの新米精神科医であったので、この男児の独特な対人的態度にいたく興味は引かれたものの、いまだその精神病理学的な意味についてはよくわかっていなかった。いまから思えば、この「ひねくれ反応」は〝あまのじゃく〟の亜型として捉えることのできる屈折した〝甘え〟の表現であることがわかる。

その後、入院治療をおこなったが、その経過中に夜間看護師にひどく〝甘え〟を見せるようになったことが強く印象に残っていることを思うと、彼のこのようなやくざまがいの態度の裏には強い〝甘え〟が潜んでいたことを教えられる。

青年期中期（高校生）

一六歳〇ヶ月の男性（高校一年、特別支援学校）（精神科クリニック）

乳児期から、頭を床に打ちつけるといった行動が見られた。一歳過ぎると、嘔吐したことをきっかけにして、偏食がひどくなる。二、三歳、多動が目立つようになる。ヘルペス感染の後、野菜が食べられなくなった。身体のトラブルも起こりやすく、おまけに対人回避傾向の強い子どもだった。

学童期は恵まれた教育環境で、親子とも居心地がよく比較的安定していた時期であった。しかし小学五年頃から、自分が自閉症ではないかと気にするようになった。自分と他人との違いが気になるようになった。中学一年、関東から九州に転校。当時母方祖父が癌を患い母親はいたく混乱していた。子どもも学校に馴染めず、小学校時代とは大違いだった。母親に言わせれば学校での対応の杜撰さが目に付いたという。中学二年で転居を契機に特別支援学校に移った。

母親の話では、中学生になってからいろいろとひどく心配したり、怖がったり、自信がなくなってきたという。最近ではほんの些細なことで、特に男性が何も悪くないことでもすぐに「ごめんなさい」と何十回も謝ったりするということでの相談であった。何事があっても「ごめんなさい」という。例えば手が触れただけでも「ごめんなさい」と。相手から大丈夫だと言われても、何度も「ごめんなさい」を繰り返す。

両親と男性の三人家族。父親は技術者で、母親は専業主婦。これまで父親の仕事の関係で転居を数回経験し、転校を余儀なくされてきた。義務教育はそれまで特別支援学級に通った。小学校入学時に田舎から関東地方の大都会に転居したが、学校は小規模校で周囲のサポートが充実していたので、居心地が良く安定していた。中学校入学時に、関東から九州に転校した際に、特別支援学級と普通学級との連携が悪くて、男性の居心地が悪くなり、不登校気味になったという。そのため中学二年時、特別支援学校に転校した。そこには一人乱暴な子どもがいて、ずいぶんといじめられた。それでも登校は続けながら、現在その学校の高等部に通っている。

周産期、特に問題なく満期正常分娩で出生。一歳、身体運動発達は良好だったが、偏食が強かった。しかし、乳児期、おすわりをしたとき、床に急に頭を打ち付けていたことが目に付いた。一人で遊ぶのを好んでいたが、特にトイレの中に入るのが好きで、決まると、車輪をじっと見つめていた。ベビーカーに乗せていたように壁と便器のあいだに挟まって楽しんでいた。幼児期、言葉が遅れオウム返しが目立っていた。三歳頃からよく動き回り、目が離せなかった。幼稚園に通う頃から、母親の目には男児は他児と違うということが気になってきた。

小学校に入った頃から、言葉でのやりとりが可能になってきた。しかし、給食をまったく食べることができず、いつも弁当持参であった。中学校に入るまでそんな生活が続いた。小学校高学年になると、母親に自分のことを自閉症かとさかんに訊ねるようになった。

母親は男児を見ていて、いつも周囲の人たちの顔色をうかがっている様子が気になるという。夕食時、母親を気にしてジロジロ見ているので、理由を訊ねると、朝ぶつかったことをとりあげて「ごめんなさい」という。

彼は診察室に入って椅子に座るなり、筆者が挨拶をすると途端に、彼の方から話し始めた。自分がいまどんなに大変なのかを説明し始めた。どこどこの幼稚園に通っていた。小学校ではみんなに自分のことを理解してもらい、とても居心地が良かった。しかし、こちらの中学校に転校してから、周りの子どもたちからいろいろなことをされたことをつぎつぎに話す。自分のなかで黙っていられない、そんな切迫感を感じさせる話し方である。やっと筆者は質問を差し挟んだが、聞く耳をもたず自分の話したいことを続けて、自分がいかにいま辛いかを切々と訴えるのである。

特にいま自分が怖いと訴えているのだが、その内容を丁寧に訊ねてみても、どうも誰にどのようなことをされたのか具体的に浮かび上がってこない。テレビのアニメの大男のホームページを見ていたら怖くなったとか、何かを見て怖くなったとか言うのだが、それがどのように怖いのかうまく説明できない。筆者は彼の話を聞いていて、内容が判然としないのは、彼の言葉の表現力の問題というよりも、ある対象がどのように恐ろしい、怖いという明確なかたちをなしていないように聞こえるのである。

筆者は彼の話しぶりを聞いていて、彼自身がある対象物に怖さを感じているというよりは、常日頃からのこころ細さの反映ではないか、と思われた。学校内で彼は自分の気持ちを極力表に出すことなく、平静を装い、さもしっかりしているように振る舞っている、と母親は説明する。彼が筆者の前で語る姿にもそのように感じる、と母親は言うのである。つまり、彼自身は学校で本当は不安でたまらないのだが、実際には担任の前では何事もないようにしっかりした態度をとっている。しかし、帰宅すると母親にすがりつくようにして、学校で辛いことがあったこと、翌朝になると前日気になったことなどを思い出して、母親に盛んに訴える。母親はそれを聞いていて、「大丈夫だよ」「心配ないよ」と応えてやるようにしているというが、そのような対応でけっして治ることはなく、訴えはひどくなるばかりだという。母親は言葉の次元でのコミュニケーションを取っているつもりでも、彼にとっては、こころが休まることはなく、逆に不安は募るばかりである。

このような彼の状態を見て、母親は「またか」という気持ちになりやすく、内心は拒絶的態度になってしまっていることも、筆者から指摘されるとみずから気づく。彼はこころ細くて、情緒的に母親に抱っこして欲しいと思っているが、母親には言葉で先のように言うのが精一杯で、肝心の情緒面では拒絶的態度を取ってしまっているのではないか。

その背景には、母親自身の過去の実家の実母との関係、新居のトラブルなど、大変なことをいくつも抱えてゆとりを失っている。そんな母親に彼はこころを許すこともできず、元気でどうもないように振舞ってきたのであろうと思われるのである。夫婦同士で苦労を語り合うことによって、母親自身の囚われを少しでも緩めることができれば、と助言して診察を終えた。

彼の「ごめんなさい」という繰り返しの言葉には、「甘え」に対する否定的な思いが染み付いていることを示している。

一七歳の女性（高校二年）（大学病院精神科外来）

言語発達に遅れはなく、育児に手もかからなかった。ただ、生後二ヶ月、父がハーモニカで荒城の月を吹いたら、べそをかいたり、カーテンの模様にこだわったりなど、気むずかしい面が多々あった。幼稚園から小学校低学年まで順調に経過し、他児に比して見劣りすることなくやれていた。小学校高学年頃から、彼女は他人と感じ方が違うことを強く意識し始め、そのためにパニックを起こすようになった。中学に入ってから、仲間から無視されるといういじめを体験した。深く傷つきまもなく不登校となり、その後高校に入学したものの再び不登校となり、二年間休学中である。

彼女が初診時語った苦しみの内容は、以下のようなものであった。

およそ一年前からのことであるが、何もすることがなくてテレビを見ていたら、他人がやっていることを自分もやりたいと思うようになった。しかし、周囲の人たちからやってはいけないと言われているように思うようになって苦しくなってきた。細かいことをいろいろと気にしてしまう。人の動作とか、人の言ったこと、やったことを見ると、そんなことができてうらやましいなと自分は思って、自分はこんなことやったらいけない、できなくなる、周りからやってはいけないと言われるのではないかと思い込んで、どんどん苦しくなってしまう。両親はやっていいよ、自由にしなさいと言うけれど。自分の嫌いな人がやっていることを見ると、いま自分がやっていることと似ているように見えてくる。周りの人はそんなふうにしなくていいんだよと言うけれど、自分ではやらねばならないと思い込んでしまって。だから周りの人が信じられなくなってしまう、というのであった。

彼女の不安の基本には、それまでは「枠にはめて、こうでなくてはならない」という考えに基づいて行動することによって、どうにか保っていた自分が、思春期に入ってからの内的衝動の高まりによって、自分をコントロールできなくなってきていることが関係していると思われた。

これまで彼女は何か行動を起こそうとすると、必ずといっていいほどに、身近な人たちから行動の規範を与えられ、それに従順に従うことによって適応的な生活が可能になっていたのであるが、そうした外からの規制がいまでは彼女に内在化し、強迫観念として彼女の思考に影響を与えているのであった。

青年期後期（大学生）

二二歳の女性（大学四年）（学生相談）

「自分のことがよくつかめない」との相談であった。過去にＡＤＨＤと診断され、薬物療法を受けたことがある。専属のカウンセラーからの依頼で、筆者は一回のみ面接をおこなった。

彼女が今後の進路に迷っていることをとりあげながらも、彼女が家族のことが気になるというので、その点を話題にしていった。……筆者が《お母さんといろいろとやり合うようだけど、お母さんにずいぶん同情もしているよね》と訊ねると、『わたしもよくわからないけど、子どもみたいな人。ムキになるところがある。幼い人』と批判的なことを言う。そこで筆者は《お母さんは子どもっぽいんだ》と彼女の話に同調して応じると、今度は『でも、できることはできるんで。料理とかは』と反論するように肯定的に返すのである。

筆者は彼女の話を聞きながら、なぜ彼女はあと一年で卒業する段階になって実家に戻ろうとしたのか、その理由を知りたくなった。そこで、両親のことについて訊いていくなかで、このような応答が見られた。彼女は両親の関係がどうも気になり、母親にいたく同情している様子なので、筆者もそれに同調するように話を合わせたところ、今度は逆に、母親を批判するようなことを言う。そうかと思い、今度はそれに同調するようにして語りかけると、これまたさきほどの同じように、筆者の同調的発言に逆らうように応じている。筆者はこのような彼女の対人的態度に〝あまのじゃく〟を見て取ったのである。

二二歳の男性（大学四年）（学生相談）

「就活中だが、不安定になる」「自分ではＡＤＨＤではないか」との相談であった。スーパーウーマンのような母親に育てられ、母親の思いがしっかりと彼のなかに埋め込まれてしまい、いまだに強い怯えともいえる対人不安が支配的な人である。「蛇ににらまれた蛙」という状態である。筆者は母親の存在が大きいことを見て取り、まずは母親について訊いていった。

『母親は僕とは正反対の人。とても明るくて人付き合いが上手。人前で普通に立ち回る。誰にも好印象を与える。賢い人』と表現する。そんな母親が教えている塾に通わされていたという。（ここで初めて、母親によっていやいや通わされていたことが、言葉によって表現されている）。塾に通っていても『自分だけ問題が解けない。他の人ができるのに悔しい。兄はすごく賢い。要領が良い。自分は簡単な問題もできない。うまく勉強をこなせないから、恥ずかしくて泣いていた。すると僕は、母親に襟首をもたれて、リビングまで引きずられ、叩かれたことがある』という。それを聞いて筆者は思わず《それはひどいね》と言うと、彼は言下にそれ（ひどい仕打ち）を否定し、『そうじゃないんです。ものを知らなくてすみません』と言う。母親のことを『怒ると感情をコントロールできない。でもヒステリック……ではありませんけど』、小学生のときのソフトボール部の監督について『罵声……ではないんですけど、浴びせられた』などと語るように、ヒステリックな母親であるにもかかわらず、そんな思いを引っ込める、監督から罵声を浴びせられたにもかかわらず、罵声ではないかのように引っ込める。

彼の発言で非常に目に付いたのは、母親に対する自分の怒りの感情が口から出そうになると、慌てて引っ込めようとするため、途中で言葉が言い澱んでしまう。すると先ほどの発言を修正し謝っている。目の前に母親がいなくても強い怯えが染み付いてしまっているような印象を与えている。母親への〈アンビヴァレンス〉が高じてしまい、自分を表に出すことじたいに強い困難を感じさせる。

成人期

つぎにとりあげる事例はすべて、筆者が嘱託医として長年関与してきた施設（介護、就労継続B型、就労移行などの支援をおこなっている）で面接した事例である。全例、軽度から中等度の精神遅滞を持つ。

二八歳の男性（福祉施設）

幼少期から両親は不仲で、小学校時代に学校でいじめに会い、中学生になったころには父親と関係がこじれて児童養護施設に入所。しかし、学校も不登校状態になる。特別支援学校高等部に入学したとき、再び両親と暮らし始めたが、まもなく母親が失踪。以来、父子の二人暮らしとなった。高等部卒業後、いまの施設に通うようになったが、一九歳時、父親が自殺。幼少期から次々に不幸な出来事ばかり経験して、今日に至っている男性である。

施設内では菓子づくりに精を出して頑張っている。人前では明るくはしゃぐように振舞っていることが多いが、「自分のことが理解しがたい」「自分のことが好きではない」など深刻な悩みを抱えていることから面接することになった。

面接の冒頭、イライラすると訴え、こちらからあまり問いかけないでも自分からよく話す。とにかくつらいがなぜなのかわからない。そんな気分に襲われる。作業をしていても喜びはない。他人との接触では楽しめると言うが、どうも本心からそう言っているようには見えない。時に軽い躁状態をも思わせるほど快活になっていることもある。しかし、話を聞いていくと、『同じ自分AとBがいたら、けんかばかりしているだろうと思う』と述べ、互いに反発するような自分が内面に潜んでいることを窺わせる。そこで筆者が《どうすれば仲良くなると思う?》と訊ねると、『もっと素直になればいい』と言いつつも、すぐに『そう言ってもそれは社交辞令だと思う』と虚無感を思わせる発言をする。さらに『落ち込んでいる自分と、わざとはしゃぐ自分がいる。そんなはしゃぐ自分がいやだ』とも述べる。

筆者はただただ彼の話に耳を傾けるだけで、何も彼に言えない自分の無力さを感じ取っていたが、彼のこれまでの生い立ちを考えれば、彼のいまの心境もなるほどと思わざるをえないものがある。ただ、筆者に印象深く焼きついたのは、彼のこころには強い〈アンビヴァレンス〉が蠢いていて、何ひとつ実感をもって体験できるものがないのではないかとの思いである。

三一歳の男性

「意味なくいらいらする」「どうしたらよいかわからない。だから余計にいらいらする」「施設で過ごしていると、ひとりになりたい(気持ちが強まる)」。しかし「ひとりになれるところがない」と訴えるので面接をした。

彼は日頃さかんに職員に「ひとりになりたい」と言いながらも、グループホームに一人でいるとさかんに職員に電話をする。とくにこれといった用件があるわけではないにもかかわらずである。『誰かにかまって欲しいけど、かまってもらうといらいらするときがある』『自分でもよくわからない。ポケットに入っている物を無性に投げたくなる。自分で「なんだろうか」と思う。周りは見えても自分のことが見えない』『いらいらしているのに、誰も相手をしてくれない』大声で職員を呼ぶ。作業所から出ようとしない。じゃれ合っているのではなく、話し合う空気を作りたいという。作業所の中ではなく、外で職員に自分の相手をしてもらいたいという。職員としては、とにかく作業に入ってほしい。ソファでいらいらしている状態だと、相手をしていても、作業にうまく連れて行くことができない。だから落ち着いたら入っておいで、と言うしかない。

施設内で仲間や職員と作業を共にしていると、盛んに『ひとりになりたい』と訴えるが、いざひとりになると、すぐに電話で繋がりを求め始める。とてもわかりやすい〝あまのじゃく〟な態度である。

三六歳の男性

施設内で「性的問題行動（強姦、猥褻行為など）」を頻繁に起こすことで問題となった。初回の面接では反抗的な態度で終始したが、次の回の面接で終わりに近づいたときである。

筆者は《そろそろ時間だから終わろうかね。なにか話しておきたいことがあるかね》と伝えた。すると、驚いたことに彼の態度が突然、変わったのである。それは筆者にとって予期せぬ反応であった。それまでは感情を交えず、自分はこれまでひどい育ちを受けてきた、いじめられてきた、などと淡々と話していたのだが、終わりを告げた途端に、彼は優等生のようになり、やや哀願口調で、次のようなことを話し始めたからである――『もう少し親が自分の面倒をみてくれたら、こんなダメ人間にはならなかった。仕事も頑張れた』『こんな俺にしたのは親のせいだ』『自分は彼女ができて結婚するなら、彼女の両親を大切にしたい』などと。

筆者はこのときの彼の応答を聞いてすぐに思い浮かべたのが、本章でとりあげている四歳〇ヶ月男児のＭＩＵの遊びの場面で見せた反応である（四二－四四頁）。みんなで遊ぼうとすると一人だけはずれ、そろそろ遊びを終えようとした途端に、一人で遊び始めている。まさしく四歳の子どもの態度と同質のこころの動きをそこに見て取ることができる。まさに〝あまのじゃく〟そのものを示しているということができるのである。

四〇歳の女性

グループホームに住んでいる。てんかんがあり、薬物でもコントロールが困難な状態である。いろいろと心配なことがあるということで、初めて面接をおこなったときである。

彼女には、机を挟んで真向かいに座ってもらった。机の上に俯くような姿勢で、ボソボソと語り始める。筆者の方に向いて話すことはない。面接を希望してはいるものの、自分の話を聞いて欲しいという態度は前面に出ていない。思いつくまま語り始めるが、途中で話が変わっていく。一言一言噛み締めるようにして話すが、それは心配事ばかりである。ただ、話の内容がいつの間にか、母親のこと、自分のこと、ホームの友人のこと、とどんどん話題は移っていく。てんかんのためか思考迂遠が認められる。粘着気質である。いろいろと自分で辛いこと、困ること、心配なことを次々に話すので、筆者が《つらいことが多いんだね》と同情的な発言をすると、『そうでもありません』と即座にそれを否定するかのように発言する。

このような面接での特徴の他にも、職員から日頃の施設内での様子について次のような報告があった。

人との関係をもつときのきっかけは、ちょっかいをかけることだという。自分より弱い人に対しては支配的・命令的になる。例えば『歌を歌いなさい！』といった調子である。同年輩の人たちとの関係はまったく持てず、喧嘩ばかりし合う。彼女の本心は人に褒められたいという気持ちがとても強いことがよくわかる。

素直に職員に甘えられている利用者を見ると、やきもちを焼く。心配事が多くて「誰かに聞いてもらいたい」という思いは強いが、相手が親身になって聞こうとすると、彼女の声はどんどん小さくなってくる。そのため相手はますます近づいて聞こうとするが、すると彼女の声はますます小さくなってしまうという。

職員が親身になって相手をしようとすると回避的になる。そうかと思うと、関わりたいとの思いが高じて、相手にちょっかいをかける。つまりは挑発的行動で相手の関心を引こうとする。あるいは職員のいないところでは、他人に対して高圧的な態度をとっている。甘えたくても甘えられないために、その憂さをこのようなかたちで晴らしていることがよく見て取れる。

第五章　アンビヴァレンスを見てとる

以上、具体例を多数とりあげながら〈アンビヴァレンス〉というこころの動きを、母と子の関係、さらには患者と治療者の関係のありようとして示してきた。ここで特に注意してほしいのは、母子関係においては、第三者にも行動次元で目に見えるかたちで示すことが比較的容易であるが、青年期以後での患者と治療者の関係においては、どうしても、治療者自身がみずからのこころの動きを感じ取ることを通して示さざるを得ないことである。

思いを重ねるように

したがって、両者ともに実感として理解することができるようになるには、読者自身も当事者に思いを重ねることがぜひとも必要になる。ただ、本を読んですぐにわかるような代物ではない。類似の経験を積み重ねながら、みずからの気づきに耳を澄ますことである。そうすれば、患者の何気ない振る舞いでも、そこに鋭敏にアンビヴァレンスを見てとることができるようになる。

図７：下野黒髪山きりふきの滝

常に変化する関係のなかで掴む

そうは言ってもなかなか〈アンビヴァレンス〉を捕捉することが誰にとっても困難な理由のひとつは、〈アンビヴァレンス〉は関係のなかで生起するという、常に変化するなかで掴まなければならない性質のものだからである。〈アンビヴァレンス〉というこころの動きのゲシュタルトを捕捉するということである。ここで最大の役割を果たしているのが「力動感」という原初的知覚である。

体験的に理解しやすくなるための格好の例は、音楽の世界である。音の変化、つまり強弱、大小、リズムなどが連なり、メロディは構成されているが、そこでの知覚体験を支配しているのが原初的知覚である。楽譜に記載されているさまざまな記号、たとえばクレシェンド、デクレシェンドなどは音の強弱の変化をゲシュタルトで示したものである。

音楽に限らず、芸術の世界では作者の力動感での対象の捉え方とその表現方法如何が作品のすべてを決定づけるといってもよい。たとえば、葛飾北斎が全国の有名な滝を描いた「諸国滝廻り」がある。そのなかでも秀逸な作品とされているのが「下野黒髪山きりふきの滝」【図7】である。この作品を見ていると、滝の流れていく際の動きの変化のもつ力動感を彼が独自に感じ取り、その一瞬をかたちにしたものであるがわかる。[30]

もっとわかりやすい例を挙げれば、漫画で表現されるモノの動きを示す描き方などは、すべてそのゲシュタルトを反映している。もちろん誇張した描き方ではあるにしても。

こうして見ていくと、原初的知覚に基づく体験は日常生活に深く浸透していることがわかる。日頃、何気なく体験していることに目を向けると、原初的知覚がわれわれの経験を深みのあるものにして味わわせてくれていることに気づかされる。この種の知覚体験は日頃、当事者が意識することはほとんどなく、指摘されて初めて気づくような性質のものである。みずから気づくことでしか理解することのできないという性質を持っているのである。

みずからの体験を思い起こすことによって

相手のこころの動きを感じ取る際には、自分の内面に同型のこころの動き（ゲシュタルト）が立ち上がる。これこそ共鳴 *sympathy* といわれるものの内実である。そして、それがわれわれに理解できるのは、同じような体験をみずから積み重ねてきたからである。それなくして体感できるはずはない。身をもって感じ取るものなのだ。まったく経験もなく知らない現象を観察して捉えようとするものではなく、みずからの体験の想起を通して、相手のこころの動きを感じ取るということである。土居健郎が〈アンビヴァレンス〉について「みずから気づくことがもっとも難しい」と述べているのは、まさにそのような理由に依っている。

筆者は大学の講義で学生によく、つぎのような質問をする——「もしもあなたが一歳か二歳の子どもで『甘えたくても甘えられない』状況に置かれたならば、母親に対してどのような気持ちを抱くようになり、どのような行動をとるか、感じたまま述べてください」と。すると面白いことに、学生はいろいろと率直に答えてくれる。

比較的多くの学生たちは

「ひとりで遊ぶ」
「誰か他に相手をしてくれそうな人を探していっしょに遊ぶ」
「激しく泣く」
「怒りを表す」

などと答えるが、最近、筆者がいたく感動したのは、以下のように述べた学生である。

「こっちを見てよ！」

「嫌だ、嫌だ、嫌だ！」

「なぜお母さんは私を甘えさせてくれないのかな？嫌われているのかな？」


などの感情が沸き起こることを述べるとともに、以下のように振る舞うのではないかと想像して述べている。


「母親が気に入るように振る舞う」

「自分の気持ちに正直になれない。正直でいたら嫌われるのではないか」

「母親と関わりたいけど、いざ関わろうとするとうまく関われない」

「本当の気持ちを伝えたいけど、伝えたら母親は嫌な顔をするのではないかと思うから、直接的な言い方は避けて、自分なりに間接的に相手に伝わるのではないかと思う方法で自分の感情を出してみる」

「母親が相手をしてくれるまでいろいろなことを続けるけど、（その結果）相手にしてくれたからといって本当の気持ちは言えない」

「いい子にしても相手にされなかったら、怒られそうなことをすると思う」


この内容を見てみると、九頁で示した「アンビヴァレンスへの多様な対処行動」【表1】の内容に近いものが多いことがわかる。筆者が見出した乳幼児期の母子関係の病理と子どもの対処行動は、われわれ自身も体験的に理解できるものだということを、いみじくも示している。

以上からわかるように、〈アンビヴァレンス〉を捕捉するためには、みずからの内面に立ち上がったこころの動きに気づき、意識化することがぜひとも必要である。

ついで大切なことは、意識化したことをいかにしてわかりやすい言葉で、つまり日常語で表現するかということである。そのためにはぜひとも、常日頃からそのことを意識してこころ掛けることである。このことは、筆者の主張する精神療法の実践において鍵を握っている。筆者が〈アンビヴァレンス〉を〝あまのじゃく〟[31]として表現したのはそのためである。さらに新著『人間科学におけるエヴィデンスとは何か』〔新曜社、二〇一五年〕を編んだのも、みずからが感じ取ったことを意識化し、言語化することが精神療法におけるエヴィデンスであることを主張したかったからである。

いかに映し返すか

つぎに治療者に突きつけられるのが、面接の「いま‐ここ」で捕捉した〈アンビヴァレンス〉をその場でいかに扱えばよいか、という問題である。筆者が論じてきた「アンビヴァレンスに焦点を当てた精神療法」の核心ともいえる部分である。

面接のその場で治療者が患者（あるいはその養育者）に〈アンビヴァレンス〉を感じ取ったということは、治療者自身の内面にも同様のアンビヴァレンスが体感されている。このことがとても大切になる。治療者自身に湧き起こってきたこころの動きを言葉にして、その場で率直に語りかけることである。ただし、いつでもすぐに口に出せばよいとは限らないが。たとえば「あなたは何かを語るとき、いつも自分を引いてしまい、あまり自分を出せないように感じますね」「お母さんの話を聞いていると、まるで遊びのないハンドルで一所懸命運転してこられたみたいですね」といった調子である。それが相手の思いにヒットしないこともあるかもしれないが、それをさほど気にする必要はない。違っていれば相手は必ずそのように応えてくれるはずである。

ここで大切なのは、治療者が自分の感じた思いを正直に、率直に、あるがままにことばにして語りかけることである。「いまのあなたはこんな気持ちではないですか」という思いを込めて。そこでの治療者の語りは、先の傍点で示したようにメタファ[32]のかたちをとる。それこそ、患者の思いと治療者のそれをつなぐ表現なのだ。そこで用いられる言葉は必然的に日常語で示される。

筆者が〈アンビヴァレンス〉をわざわざ〝あまのじゃく〟と表現した意図はそこにある。先日の大学での講義で、筆者はある学生に《なぜ私が「アンビヴァレンス」を「あまのじゃく」という表現に置き換えたと思うか》と訊ねたところ、次にように答えた――『「アンビヴァレンス」は難しい専門用語だからすぐにはわからないけど、「あまのじゃく」だと誰にもわかりやすいから』と。まさに当を得た返答である。

本当にわかるとはこういうことを言うのであって、外来語をありがたがり、よくわからない訳語を用いて、さもわかったような気になってはならない。土居健郎が生前「患者を理解する際に、日常語で持って語らないことには本当にわかったことにならない」と述べた(33)意図はまさにそのことにある。

話し言葉がない子どもと

多くの臨床家が発達障碍に精神療法を試みることをためらう最大の理由のひとつは、コミュニケーションじたいの困難さにあることは、容易に想像できる。一見すると話し言葉がほとんど通じない相手にどのように振る舞ったらよいのか、誰でも困惑するに違いない。筆者も昔はそうであった。

筆者がそんな戸惑いから解放されたのは、やはりMIUでの経験によるところが大きい。〈アンビヴァレンス〉に着目するようになってからは、臨床家として話し言葉の有無への囚われが少なくなったからである。

それはなぜかといえば、先に述べた「アンビヴァレンスがどのようなかたちで現われているか」を振り返ってみるとよくわかる。〈アンビヴァレンス〉は〝甘え〟という情動の動きを示している。そのため常に情動に焦点を当てることになる。その結果、話し言葉の字義はさほどの意味を持たなくなる。重要なのは、情動のありようである。それは、話し言葉の字義にではなく語り口調などに反映する。それゆえそこに着目することが大切になる。

精神分析学者で発達心理学者でもあったD・スターン *Daniel Stern* は多くのスーパーヴィジョンを経験するなかで「訓練中の若い治療者のスーパーヴィジョンをしていると、彼らは面接のなかで実際に起こっていることを、スーパーヴァイザーに報告しないことは決して珍しくない」と嘆いている。何を語ったかに汲々としていて、それがどのように語られたかにまで気が回らないとし、面接で重要なことは、「言葉の厳密な意味ではなく、患者が表現した力動感のかたちに焦点を当てることである」と生前最後の著書[34]で力説している。とてもよくわかる話である。

そのように考えたとき、MIUで観察してきたアンビヴァレンスの強い子どもたちが母親の前でどのような声を出しているか、発声の質から多くを教えられたと実感するのだ。

警戒的になると声が出ない

子どもは〈アンビヴァレンス〉の強い状態にあると、いつまでも安心できず、こころ細い状態に置かれる。すると、母親をはじめ周囲の人たちに強い警戒的な態度をとる。必然的に、自分の存在を周囲の人たちにできるだけ知られないように振る舞うものである。なぜなら、周りの人たちは子どもにとってすべて敵（のような存在）に映るからである。自分の存在を敵に知られないようにするため、声を出さなくなるのだ。

SSPでSTといっしょにいるときには声がよく聞かれていても、母子二人になると途端に声を出さなくなる。たとえ声が出たとしても、それは緊張を感じさせ、不快な響きを（母親も含め）そばにいる者に与えるものである。よって、どのような声を出しているか、その質を感じ取ることによって、われわれは容易に子どもの〈アンビヴァレンス〉のありようを感じ取ることができるのである。

声の質から子どもの気持ちを感じ取る

乳幼児期早期、発達障碍の子どもたちは言葉が出ないことが多いが、いまだ言葉にならない段階でも、声の質に着目していれば、子どもの気持ちがどのような状態にあるのかがよくわかる。子どもの心理状態を知るうえでは、発語そのものよりも「発声の質」の方がより重要な手がかりになるものなのだ。

それゆえ、話し言葉よりも、声そのものが自分にどのように響くか、筆者はその質の違いを大切して感じ分けるようにこころ掛けている。緊張が感じられる声であれば、なぜ緊張が生まれているのか、その背景を理解するように努めることが治療につながるし、そのことを母親といっしょに考えていくことが、母子関係の現状と歴史を理解するうえで大きな手がかりとなるからである。

伸びやかに声を出せる環境づくり

この時期われわれがこころ掛けるべきは、発声が豊かになるような環境作りを工夫することである。われわれがそこで目指すべきことは、子どもが安心してのびのびと振る舞うことのできるようになること、あるいは子どもから甘えを感じさせる声が出るようになることである。するとそこに、情動的コミュニケーションが深まりつつあることが見て取れるようになる。

よって大切なのは、たとえ話し言葉が出ていなくても、発声を手掛かりにして子どもの気持ちのありようを感じ取ることである。そのことを母親とともに味わいながら、関係修復を目指すのである。言葉の発達の遅れにこころを奪われ、「言葉が出ないから手の施しようがない」などといった態度は、治療者の取るべきことではない。もしも子どもに発声がまったくといっていいほど認められないとするならば、その母子関係には強い〈アンビヴァレンス〉の存在を考えることが必要かもしれない。それは単に言葉の発達の遅れを示しているのではない、ということを肝に銘じてほしい。

泣き止まないことの意味

ときに、始終、泣き続ける乳幼児に出会うことがある。実際の育児にあたっては、発声がないことよりも母親にとってはさらに深刻な問題かもしれない。母親泣かせの状態である。よく耳にするのは、抱くと泣き止むが、抱くのをやめるとすぐに泣き始め、いつまでも抱き続けないといけないという事態である。そこには母子関係に、ゆったりとできないなんらかの緊張が孕まれている可能性があることを念頭に置いて、生育史を丁寧に掘り起こしていかねばならない。

たとえば、母親がある家庭状況のためにゆったりと育児に専念できない状態に置かれていれば、子どもはそんな母親に抱かれても、ゆったりとした気分になれない。すると、いつまでもしがみついていなくてはならない。抱かれていても心底安心できないからである。乳児はそれだけ自分の置かれた環境に敏感に反応しているものなのだ。乳児は、養育してくれる人に全面的に頼らないと生きていけない。そんな環境に対していつも全身の感覚を研ぎすまし、自分がどう振る舞ったらよいかを感じながら生きている存在だ、と肝に銘じておくことが必要である。ＭＩＵではそのことを、いつも実感させられたものである。

繰り返される言葉の多義性

発声の有無の問題とともに考えなくてはならないのは、コミュニケーションの用をなさない言葉の出現についてである。具体的には、「同じ言葉を繰り返す」「オウム返し（即時性反響言語）」などである。

先にも述べたように、話し言葉の字義に囚われることなく、言葉の「語り口調」に着目することである。その際、注意を要するのは、同じ言葉を繰り返していても、いつも同じことを意味しているわけではないということである。コミュニケーションの用をなす象徴機能を有する言葉であれば、それに意味が孕まれているが、同じ言葉が繰り返されるような状態にあれば、その言葉じたいに通常の意味を見出そうとするのは御門違いである。そこで大切なことは、たとえ同じ言葉であってもその語り口調の相違と、用いられた前後の文脈から、いかなる意味を孕んでいるかを推測することである。同じ言葉に聞こえても、それは、発する子どもの思いを反映した多義的なものになるということである。

ただし、このことはさほど容易にできることではない。幾度も体験するなかで次第に、時と場合によって言葉の口調が異なることを肌で感じ取り、かつ、その用いられる文脈を振り返りながら考える。そうしたことの蓄積が大切である。じつは育児一般において、このような作業は常日頃何気なくおこなわれているものである。泣くことしか術のない乳児相手に、乳児が何を求めて泣いているのか、それを感じ取ることは誰にとってもすぐに体得できるものではない。試行錯誤のなかで次第に感じ分けることが可能になっていくものである。その意味では発達障碍の子どもたちの言葉の意味理解を探るプロセスも育児と本質的には同じである。

養育者の映し返しによって

ここで治療者が忘れてならないのは、「繰り返し言葉」の本来の意味を、その場にふさわしい言葉で映し返すことである。そのことによって子どもたちは、自分の発した言葉の本来の表現を知ることになる。つまり、このような関わり合いによってはじめて子どもは、われわれが願う「共同性を孕んだ言葉」を獲得することができるようになっていく。このことこそまさに、子どもがわれわれとの関係に拓かれた瞬間である。これは、泣いている乳児に対して適切に応じてその欲求を満たすとともに、そのときの乳児の気持ちを言葉にして映し返してやる行為と同質のものである。言葉の獲得のプロセスの核心を、ここに見て取ることができるのである。

なぜ治療的意義をもつか

〝甘え〟は乳児が最初に出会う重要な他者に向ける依存的・肯定的感情である。よって、最初の〝甘え〟が十分に享受されないと、対人関係の形成過程に深刻な葛藤を抱くことになる。それは、その後の対人関係のありように重大な影響を与え、生涯にわたってその人の対人的構えの基盤を形成することになる。

〈アンビヴァレンス〉とは、そのような性質をもつ原初的不安であることから、〈アンビヴァレンス〉に焦点を当てた精神療法は、あらゆる精神病理をもつ患者において根源的な治療となる性質のものである。もちろん、その難易度はじつにさまざまであることは、言わずもがなであるが。

表面的な言動に幻惑されてはいけない

乳幼児期早期に体験する〈アンビヴァレンス〉は、加齢を経ると背景に退き、前景に現れているのは、その防衛としての多様な病的言動である。よって、表に現れた言動に幻惑されることなく、その言動の背景に〈アンビヴァレンス〉が蠢いていることを、われわれは感知することが求められる。そのためには中立的態度ではなく、「患者の思いにみずからを重ねるような態度」が求められる。

治療者も当事者意識を持たねばならない

「患者 - 治療者」関係は、つねに互いに影響を及ぼし合って変化していくものである。患者の変化は治療者との関係のなかで生まれたものである。それゆえ治療者は、二者関係の一方の当事者としての意識を常に持つことが求められる。このことを筆者に強く焼き付けてくれた印象深い経験がある。

いまから四半世紀ほど前のことである。当時、民間の精神科病院外来で診療をおこなっていた。二十歳代半ばの女性で自閉症と診断した事例である[35]。筆者は一対一で面接を重ねていた。かなり経過したあるセッションでの出来事である。

彼女が小声で聞き取り難い口調で語るだけで、その他はメモ用紙にぎっしりと自分の苦しみを書いていて、それを毎回面接の始めに筆者に手渡すのが通例であった。

ある日、突然、筆者に『悲しくなる。自然にしてください』と言った。筆者は何事だろうかと、その発言の意味がよくわからず、彼女に聞き返した。

筆者はこの彼女の発言に対して、不思議な感覚が生まれ、非常に興味を覚えたが、その意味はその場ですぐには了解できなかった。筆者自身はいつもの「自然な態度」で面接をおこなっていたつもりであったので、なぜだろうと首を傾げていたように思う。

しかし、彼女がなぜこのような表現をとったのか、まもなくしてわかった。彼女の発言の意図は、彼女にとっての「自然な態度」をとってほしいということで、それはいつも他者に対して一定の距離をとって、それ以上には接近しないことを意味していた。そのなかでも特に彼女にとって強い不安を引き起こしたのは、おそらく彼女の声がよく聞こえないことも手伝って、筆者は彼女に近づいたり、離れたりと、予期せぬ動きをとっていたことに思い至ったのである。距離が急に近づいたり遠ざかったりという動きのもつ力動感が彼女にとっては侵入不安を強く引き起こしていたと思われるのである。

筆者にとっての「自然な態度」と、彼女の「自然な態度」とのあいだには、これほど大きな差異があるということである。この一見すると奇妙な発言の意味が、彼女の体験世界を想像することによって腑に落ち、彼女の視点からものごとを見ることの重要さとともに、彼女の言動が筆者との関係のなかで生まれているのだということを、より深く学んだように思う。

映し返すことによって

〈アンビヴァレンス〉は情動のありようである。つまり〈アンビヴァレンス〉に焦点を当てた面接の目指しているものは、情動次元での繋がりである。なぜそれを目指すかといえば、発達論的に見ていくと、乳児と養育者との関係は最初情動次元のコミュニケーションによって深まっていくものだからである。そこでは子どもが情動を表出し、それを養育者が感じ取り応じる、という関わりの蓄積が大切になる。子どもが情動の表出に強いためらいを持ち始めるのは〈アンビヴァレンス〉ゆえである。よって、〈アンビヴァレンス〉を緩めることを目指し、子どもの情動の表出を促すのである。そのことによって初めて、子どもの思いを養育者は容易に感じ取ることができるようになる。

このように考えていくと、面接で患者あるいはその養育者の〈アンビヴァレンス〉を「いま - ここ」で捕捉しながら、治療者はみずから感じたままに、正直に、ことばで表現して返すことがいかに大切かがわかるであろう。それこそが、患者の思いと治療者のそれを繋ぐ営みなのである。

根源的不安に触れ合うことによって

患者〈あるいは養育者〉の幼少期の〝甘え〟体験としての〈アンビヴァレンス〉をとりあげることによって、多くの場合、患者は必ずと言っていいほど、幼少期あるいは思春期の自分を想起するようになる。「過去の人間関係においてこれまで自分は、いまと同じような対人的な構えをとっていた」ということに気づかされるからである。

このことは、いまの自分と幼少期ないし思春期の自分との連続性に気づくことに繋がっていく。ここにおいて初めて、患者が「自分というもの」を発見する道が切り拓かれていくことになる。これこそ精神分析でいうところの〈洞察〉である。筆者が精神療法で目指す治療目標もそこにある。

実践編：発達障碍の精神療法——その実際

序　章　関係発達臨床の原則

乳幼児期から学童期

まずは乳幼児期から学童期において、子どもと養育者の関係そのものに直接はたらきかける場合（母子同席での面接）、その原則を述べる。

発達障碍の子どもと養育者（母親、父親、治療者など誰でも）とのあいだに関わり合いの難しさがもたらされる最大の要因は、子どもに生起する〝甘え〟のアンビヴァレンスと、それと結びついて現れる養育者の側の「子どもに関わるのが難しい」という困り感である。

①アンビヴァレンスによる関係の悪循環を断ち切る

それゆえ、精神療法の初期段階で臨床の要となるのは、この〈アンビヴァレンス〉を緩和するようにはたらきかけることと、養育者の側の「負の感情」および「負の関わり」の低減を図ることである。言い換えれば、両者のあいだに生まれた悪循環を断ち切ることである。なぜなら〈アンビヴァレンス〉は関係の病理であり、子どものみに自生するようなものではないからである。

ここで子どもの〈アンビヴァレンス〉を緩和するはたらきかけの中心は、それまでの養育者側の過干渉な、あるいは一方的な対応をできるだけ控え、子どもの関心が向かうところを丁寧に受け止めることである。養育者側の一方的なはたらきかけは〈アンビヴァレンス〉の強い子どもに侵入不安を誘発し、さらなる不安と緊張を生むからである。

②子どもに安心感が生まれ、外界への関心が高まる

先の対応が功を奏すると、子どもの〝甘え〟が前面に現れやすくなり、その結果、子どものこころの動きを養育者は掴みやすくなる。子どもの気持ちが養育者に掴みやすくなることによって、養育者にも子どもの気持ちを受け止めることが比較的容易になり、当初の「関わりが難しい」という困り感が薄れ、両者のあいだに好循環が生まれ始める。そのなかで子どもに少しずつ安心感が育まれていくようになると、子どもは外界に対して好奇心を持ち始め、積極的に外界との関係を持ち始める。

③子どもの関心と思いに沿って語りかける

ここで養育者側に求められるのは、子どもの気持ちやこころの動きが掴みやすくなり、なんらかの言動で自分を押し出すようになれば、そこでそれに相応しい言葉を投げかけることである。ただ、ここで難しいのは、それまで子どもが〈アンビヴァレンス〉への対処行動としてとっていた言動が一見するとそのまま表に現れていて、「なんら変化が認められない」と思われやすいことである。見かけの言動はさほど変化していなくても、関係を志向する前向きな言動は、治療者には容易にその質的な違いを感じ分けることができる。治療者はそのことを養育者に代弁する役割を担う必要がある。そこで初めて子どもはみずからの言動の社会的意味を獲得する機会を得る。その結果、子どもを社会的存在としてわれわれとの拓かれた関係に導き入れることができる。

④「甘え」の高まりとともに表現意欲も高まる

そのような過程を経て獲得した「言葉を盛んに発する」という子どもの積極的な姿は、養育者の大きな喜びとなり、養育者の前向きな育児姿勢をさらに強めて、「子どもの気持ちに添おう」という姿が増えてくる。こうして好循環が本格的に回り始めるが、そのなかで、子どもの〝甘え〟の高まりとの関連で、子どもの側にさまざまな表現意欲が湧いてくる。このような好ましい関係が生まれることによって初めて、子ども本来の発達の道筋も切り拓かれていく。

⑤アンビヴァレンスを強めている要因を見極める

ただし、子どもと養育者のあいだに生まれた悪循環が容易に好循環へと転換しない場合は少なくない。そこで治療者に求められるのが、〈アンビヴァレンス〉を強めている要因を見極めることである。

〝甘え〟は相手次第であるゆえ、養育者自身に〈アンビヴァレンス〉が強ければ、両者のあいだの負の循環を容易に断ち切ることはできない。そこでまず大切になるのは、養育者が潜在的に持っていることの多い「自責感」「罪悪感」を刺戟しないことである。今日「母原病」説は否定されたといっても、現実には家族のなかでいまだに養育者のせいだと一方的に責められることは少なくないからである。養育者自身どうすればよいか困惑していることを念頭に置き、子どもへのはたらきかけを無理してしないことを勧め、まずは肩の力を抜いて子どもの動きをじっくり観察して、子どもに思いを寄せることに意を注ぐように勧めることである。

一方的なはたらきかけが軽減すれば、必ず子どものなかに変化が起こる。そこで治療者は子どものわずかな変化も見落とさないように努め、それをとりあげて養育者に気づいてもらうことである。

⑥ 背景にある養育者自身の幼少期体験を振り返る

〝甘え〟体験の質は、世代を超えて伝達されやすい。「関係をみる」際には、少なくとも三世代に目を向けて考えることが必須である。「(子どもを)育てる者」はかつて「(親に)育てられる者」であったからである。親もかつては子どもであった。そのことを常に念頭に置くことである。

治療者が子どもと養育者のあいだに顕在化する〈アンビヴァレンス〉を具体的にとりあげて、いっしょに考えていくと、必ずと言ってよいほど、養育者自身もみずからの幼少期の記憶が想起されるものである。そこで、時間をかけて丁寧にその生い立ちを訊いていく。そこでは必ず養育者自身の子ども時代の〝甘え〟体験が想起される。このプロセスが精神療法においてもっとも重要で、治療者の腕の見せどころである。

治療者は常に、子どもと養育者の育ちの歴史に強い関心を注ぎ、みずからもそこに重ね合わせながら聞き入ることである。養育者と治療者のあいだで交わされるこのような面接過程で起こる養育者の心理的変化を、子どもは敏感に感じ取り反応するものである。治療者はこの子どの肯定的変化をけっして見逃してはならない。必ずそれを見て取り、養育者に気づいてもらう。このことによって、子どものこころのありようがいかに養育者のそれと深く繫がっているかを、養育者は実感できるようになる。こうしてようやく、本来目指してきた「子ども - 養育者」関係の修復が達成されることになる。

⑦ 関係のなかで生まれていることへの気づきを促す

筆者が常日頃こころ掛けていることのひとつは、目の前の子どもの不可解な言動が関係のなかで生まれていることを養育者が実感できるように、はたらきかけることである。そのためには、面接の場で子どもの動きを丁寧に観察しながら、その意味をとりあげて養育者とともに考えていく、という姿勢が大切になる。養育者の従来の子どもの見方とどう異なるか、その違いを実感できるような工夫が必要になる。

⑧子どもの変化こそ発達過程そのものの内実である

われわれは発達過程を、能力発達に軸を据えて考えやすいが、ここで目指すのは、まずは子どもの内面の変化、つまり子どもの主体性を育み、子どもの〝甘え〟が養育者へと、さらには意欲・関心が外界へと、向かうことである。この内面の変化が、結果として子どもの潜在能力を引き出し、つぎつぎに新たな能力の獲得へと結果的に繋がっていくのである。子どもの主体性を信じること、それがあって初めて本来の発達臨床といえる。関係をみることによって関係は変わる。その結果として、子どもも養育者も変わる。筆者がおこなっている発達障碍の精神療法を「関係発達臨床」と称する根拠はこのことに依っている。

青年期から成人期

乳幼児期から学童期までは母子同席での治療形式をとることが大半であるが、中学生以降の青年期・成人期においては、通常「患者 - 治療者」二者での面接形式をとることが多くなる。

前者と比較したとき、後者の最大の相違点は、「子ども - 養育者」関係において捉えていた〈アンビヴァレンス〉を、ここでは「患者 - 治療者」関係のなかで捉えることが求められることである。ここに関係をみることとの最大のポイントがある。つまり、治療者がみずから患者との関係で何が生じているか、常に内省して気づくことが求められるからである。前者で養育者に求める子どもへの態度と同じことを、ここでは治療者が求められることに自覚的でなければならない。

乳幼児期や学童期のみならず、この時期の治療においても、関係をみることによって、患者の内面には幾多の発達的変容を確認することができる。もっとも顕著に現れるのは、感情の分化となって現れる発達的変化である。幼少期から養育者による映し返しをほとんど経験してこなかったことで、自己理解が非常に困難な状態に置かれてきた彼らに対して、いかなる年齢であっても、本書で述べてきた治療の原則を守っていけば、多くの場合、感情や思考面での多くの気づきを体験することになる。そうした過程こそがまさしく「関係発達」そのものの内実を示しているといえるのである。

その意味からすれば、患者がいかなる年齢であっても、発達障碍の精神療法は「関係発達臨床」でなくてはならない。それは治療者の人間としての発達・成長をも意味するからである。

第一章 乳児期

子どもがなつかないと訴える母親

〇歳九ヶ月 A子（精神科クリニック）

知的発達水準 正常（推定）

主　訴（母親の訴え） 自分になつかない。

家族背景 両親とA子の三人家族。都会でのマンション暮らし。母親の実家は電車で二時間ほどの距離にあり、祖父母とも健在である。

生育歴 胎生期は特に異常もなく、満期正常分娩。生後〇ヶ月は母乳で育てたが、ほとんど寝ないで泣き続けていた。当時は母乳不足のためかと思っていた。産院の一ヶ月検診で、母乳からミルクに切り替えるように助言されたため、ミルク中心に切り換えた。しかし、相変わらず泣き続けて寝ない状態が続いた。生後二ヶ月〜三ヶ月、首が座ってきた。四、五分で周期的に泣くので、再び産院で二ヶ月検診を受けた。そこで大学病院小児科を紹介されて受診した。睡眠、脳波などの精査で異常はなく、様子を見るようにいわれた。しかし、いつまでたっても大声で泣き続け、泣き止まない。試行錯誤でありとあらゆる手だて（ミルク、気温、衣服、明かりなどの調整、昼間の遊び、散歩など）を試みたが、まったく改善の兆しはなかった。どこに相談に行っても様子を見るようにいわれるだけだった。

四ヶ月、泣いている様子をビデオに撮影して大学病院で見てもらった。診察の際にもひどく泣き続け、どんなにあやしても、まったく周囲に注意を向けなかったため、主治医も慎重に経過を観察しましょうと言ってくれたが、具体的な手だては何ひとつ助言してくれなかった。昼夜を問わず、寝付きも寝起きも悪く、夜は約一時間ごとに目を覚まし、激しく泣いた。機嫌の良いときはほとんどなく、いつも怒ったような声を出し、奇声で大声を出す。不機嫌なときがほとんどだった。おもちゃを見せてもまったく変わらない。

四ヶ月半、寝返りができるようになった。母親が日中ひとりで世話をすることに困難を感じ、A子と母親は実家で生活をするようになった。しかし、夜は母親がひとりでA子の世話をした。大学病院でも睡眠についての対応のみで、睡眠剤も効果がなく、経過を観察しましょうと言われるばかりであった。

五ヶ月、母親の精神的不安は増すばかりで、ついに大学病院で産後うつ病との診断を受け、母親自身が治療を受けることになった。A子への哺乳も断乳することになった。そのため、父親が仕事の帰りに実家に寄ってA子の世話をするようになった。

六ヶ月、おすわりができ、ガラガラを自分で少し振ることもできるようになった。周囲に対する反応も少し出てきた。七ヶ月、母親のうつ状態はさほど改善せず、うつ状態の母親といっしょに過ごすのは子どものためによくないとの実家の判断で、近くの精神科病院に（医療保護）入院することになった。その間、実家の祖父母や叔母がA子の世話をすることになった。八ヶ月、はいはい、つかまり立ちができるようになった。母親は二ヶ月後に退院したが、主治医にA子を保育園に入れるように勧められたので入園させることになった。育児はおもに祖父母が担当し、夜だけは母親が相手をすることになった。父親は週末だけ実家に帰って、家族みんなで生活することになった。

現在の母親の心配

現在の母親の心配は以下のような深刻な内容であった。

あやしても笑わないなど、親子間でコミュニケーションらしいものがとれない。離乳食で相手をしていても、顔を斜めにして目をそらすなど、視線が合いにくい。遠目でにっこり笑うこともあるが、他人にも同じようにするし、母親が近づくとすぐに目をそらす。甲高い不機嫌な声を出すことが多い。指差しをしても、指先をみない。名前を呼んでも振り向かない。母親が声をかけても母親の顔をまったく見ない。音に敏感で、誰かの話し声や物音にはすぐに反応して、そちらの方を見る。大人のやることを模倣することもない。大学病院の主治医は、声に対する反応は良好で、まったく問題はありません、と言う。

保育園に送り迎えに行っても、人見知りや後追いをまったくしない。母子関係をしっかりしたものにしたいと思って、今回受診したという。母親自身は自分の姉の子育てを見ていたので、妊娠中から子育ては楽しみにしていたともいう。家事全般は母方祖母がやってくれるので、子どもの相手をする時間は沢山あるが、どう関わったら良いかわからない。誰に対しても同じようにいつもにこにこしていて愛想がよく、母親を特別な存在としてみていない。だからつらいという。

初診時の状態

他のスタッフが相手をしている最中に、筆者が入室。こちらにちらっと視線を向けて用心深そうな表情を浮かべている。人見知りらしき反応は見せたが、そばにいた母親に接近することはまったくない。筆者が近づいて抱きかかえると、嫌がるような抵抗を見せないが、身を固くして無表情でおとなしく抱かれている。抱いていても抱きやすい姿勢を取ることはない。全体的に反応は乏しく、全身の動きも乏しい。抱いていて重く感じる。

一時間ほど相手をすると、こちらにも少し馴れてきた様子が見えたが、それでも表情は乏しい。母親は懸命になってA子からなんとか反応を引き出そうとしている。そんな姿が痛々しく感じられる。あまりに強い焦燥感を抱く母親の懸命さは、いまのA子には圧倒されるような侵入的なものに感じられ、より一層回避的反応を引き起こしていることが容易に感じとられた。二週間に一回、遊戯室で治療を開始。

第二回［顕著なアンビヴァレンス］　A子はまったく母親の存在を無視しているかというとそうではなく、盛んに母親に近寄って膝の上に登っていくが、いざ母親が抱っこしようとすると、すぐにむずかって降りようとする。母親が降ろすと、すぐにまたむずかり始め、母親の膝の上に登ろうとする。このような行動を繰り返している。典型的なアンビヴァレンスが認められるが、母親の不安と緊張は非常に強く、このようなA子の行動に対してなす術もなく、お手上げの状態である。

［母親の孤立的状況］　実家の両親は、A子が泣いていると、お腹が空いているからだろうと決めつけて、母親にすぐに応じるように指示するが、自分はそう思わないという。母親は自分の両親とも意見が食い違い、そのことがさらに母親の苦痛になっていることがわかってきた。A子は周囲の大人にはとても愛想がよく、そのためみんなは大丈夫だよと言ってくれる。しかし、それが母親をますます孤立化させ、暗中模索のなかでいろいろ試みることが、挫折感、罪悪感、自責感、焦燥感を強めていることがわかってきた。

実家の祖母も同伴していたが、意志の強い女性という印象を受ける。娘であるA子の母親に対する言い方も命令口調で、困ったものだという祖母の思いがひしひしと伝わってくる。祖父母や父親みんなが母親のうつ状態に対して、強引に入院を勧めたようで、母親は孤立し、入院を拒否したために医療保護入院となったという。母親にとって入院体験は、心理的な負い目とトラウマとなっていることが容易に想像された。応援団は多いが、それが逆に母親の焦燥感を強めている。父親の協力が今後の行方を占う意味でも鍵を握っていると思われたが、その後一度も父親は同伴して来院することはなかった。

第三回（一〇ヶ月）［しっかり抱っこし続ける］　しばらく自由に母子いっしょに過ごしてもらったのちに、母親にA子を抱きしめてみるように指示した。その際、母親には立って抱くように伝えた。母親はあやしていたが、途中でA子が数回むずかったので、母親はすぐに降ろしたがった。しかし、筆者はそのまま抱き続けましょうと、励ましながら指示した。ずっと横で時折支えながら、筆者は介在し続けた。

三〇分ほど経過すると、A子はそれまでの苛立ちが消えておだやかになり、気持ちよさそうにして母親に抱かれながら、ついには入眠していった。筆者にとっても確かな手ごたえを感じさせる試みであったが、母親はいまだしっくりとこない感じを抱いていたが、「このような試みを繰り返していきましょう」と筆者は助言した。しっかりと抱っこをし続けることで、子どものアンビヴァレンスが緩和されることを期待したからである。

〔覗き込まないように助言〕　ただ、筆者にとって気がかりだったのは、母親の抱き方があまりにもぎこちなく、あやし方もリズムが悪いし、A子の身体をしっかりと支えていないことであった。母親はA子がどんな反応をしているかを直接見て確認したいのか、上からA子の顔を覗こうとしているので、それは抱き方をより不自然にするし、覗かれると（視線のもつ刺激の強さに）A子は不快に感じやすいと思われたので、それは控えましょうと助言した。

第四〜五回 **〔アタッチメント行動と自己主張の増強〕**　この二週間で急激な変化がみられた。A子の自己主張が非常に強まった。かんしゃくを起こしてはひっくり返って泣くようになった。そのためにますます母親は大変になったという。

しかし、初めて同伴した叔母（母親の姉）によれば、母親を盛んに追いかけるようになって、膝の上にも乗るようになった。ことばもよく出るし、よく笑うようになったというのである。しかし、いまだ母親はこの子の視線を気にしていた。じっと目が合わないというが、いまだ母親の焦燥感は強く、そのような強い視線で見つめられたら、A子でなくても視線をそらしたくなるだろうと思われた。しかし、そのことは指摘せず、A子の肯定的な変化のみをとりあげるにとどめた。

第六回 **（一歳〇ヶ月）**　相変わらず睡眠の問題は続いているというが、母親への〝甘え〟は着実に増えていた。

【母親の生育史】　祖母〔母親の実母〕から聞いた母親の生活史は次のようなものであった。

七歳上に姉がいたこともあってか、この子〔A子の母親〕を育てるのはとても楽だった。夫〔祖父〕は家父長制の強い厳しい家庭で育てられたこともあって、とても厳しい人だった。自分ではこの子には自由奔放に育てたつもりだが、本人はそう思っていなくて、厳しかった記憶が強いと、いまでも言う。中学時代から運動が好きになって、テニスをしていた。私〔祖母〕は協力して送迎をし、学校を選ぶのも本人の意思で選ばせた。当時はとてもおとなしく、問題になることはまったくなかった。いまになって反抗しているようだ。七年ぶりの子どもだったので、みんなからかわいがられたと思う。しかし、本人に言わせると、私の言い方が厳しかったので、圧倒されていたという。

祖母の話を聞きながら、母親自身は次のようなことを訴えていた。A子を産んでからというもの、祖父母とも私に一方的に厳しく言うばかりで、私の考えを聞く耳を持っていない。この子〔A子〕が手のかからない子だったら、もう少し自分で思うように育児をやりたかったのに、悔しい！　とも言う。A子に対する心配をいろいろと訴えても、子どもとはそんなものだと言われるだけで、まともに相手をしてもらえなかったと振り返るのだった。

【祖母の子育てを推測させる待合室でのエピソード】　祖母は自分の価値観をはっきり口にする人で、相手の気持ちにはあまり頓着しない人である。この日の帰り際での次のエピソードは、祖母の子育ての様子を彷彿とさせるものであった。

祖母が待合室でA子といっしょに待っていた。A子が他児のそばに近寄っていったのを見て、その様子を筆者は微笑ましく見守っていると、祖母がA子に突然「先生〔筆者〕にバイバイ〔あいさつ〕は？」と盛んにお別れの挨拶をさせようとする。それがあまりにも何度も確認するほど強い調子だったので、それまでのほのぼのとした雰囲気がすっかり消え去ってしまった。祖母は周囲の人の期待を先取りして（というより本人の価値観に基づいて）、孫〔A子〕に挨拶をするように仕向けているのだが、このように、祖母には子どもに対して周囲の期待に添った行動をしむけようとする傾向が非常に強いことが見て取れた。母親も自分（の意向）

が無視され、周囲に合わせるように仕向けられたであろうことが想像できたが、母親はそれに抗することもできないまま、圧倒されるようにしておとなしく育ってきたのではないかと推測された。

第七回［乳房の代理物として鼻の穴をいじる］　祖母も同伴。すっかりママ、ママ、べったりになってきた。母親もうれしそう。祖母からみてもずいぶんと良くなってきたと喜んでいる。ただ最近、心配なことがあるという。母乳を求めない、乳房も求めることがまったくない。その代わりに、夜になると、母親の鼻の穴に指を突っ込んでいじりながら、ずっと泣いている。強い力で引っ掻くので、ものすごく痛い。出血するほどである。

第八回（一歳一ヶ月）　子育て広場に連れていくと、A子はどんどん積極的に行動するようになった。他児に比べると、普通ではないなとは思うし、まだ不安は強いが、この子なりのよい変化を感じ取れるようになってきた。入眠時、足をばたばたして暴れる。頻繁に頭を布団に打ち付ける。抱っこしてもものけぞってしまう。大声で泣き続ける。それでも母親は悲観的な見方が減って、前向きになってきた。

第九回（一歳二ヶ月）　順調に経過しており、アタッチメント行動がますます強まっている。筆者らに人見知りをして、母親にしがみつく。それでも多少の警戒心を見せつつも、こちらのはたらきかけに対して応じ始め、馴染みつつあるようにも感じられる。こちらとのやり取り遊び、模倣もみられ始めている。表情も、甘え、恐れ、不安、安心、などとわかりやすくなってきた。

母親の不安も軽減しつつあるとはいえ、保育園に連れていくと他児との違いが気になって仕方ない。お別れのとき、先生たちが大勢でバイバイするときにはそれに応じることができず、みんながいなくなって初めて、バイバイを不自然な手の動きでやっている（掌を反対方向に向けて）。しかし、今日のお別れのときには、手を下に向けてはいるが、正しい方向に振っていた。

いま、いちばん不安なことは、睡眠だという。夜九時頃に寝るが、数時間で目を覚まし、泣き続ける。深夜一時から三時まで寝るが、そのあとまた起きて泣いている。おしゃぶりを盛んに欲しがる。しかし、しゃぶっていても泣いている。朝七時から八時頃に再び寝ると、保育園に連れていくために起こしている。保育園では一時間くらい昼寝をしているという。

全体の経過としては良好だと思うが、母親の抱き方、子どもの抱かれ方にはしっくりこないところがいまだ感じられる（と母親もいう）。身体が堅いせいだというが……。

第一〇回（一歳三ヶ月）　初めて母親の口から直接、ずいぶん良くなったと語られた。母親に懐いて、自分を求めることが多くなった。病院に通うのも負担なので、通院を打ち切りたいと言い始めた。

この発言を聞いて筆者は驚いた。治療初期の頃は、子どもの行動をすべて否定的に捉える思考がめだっていたが、今度はすべて肯定的に捉えようとしているように感じられる。このような変化はどう捉えたらよいのだろうか。筆者にはこの母親とのあいだで、いっしょに悩みや喜びを共有して、安堵するという関係が持てないところを強く感じる。

今日の子どもはとてもよい反応を見せている。人見知り、模倣、母親に甘えてなついている。祖母、母親の区別、ともになついているが、周囲への警戒心もさほど強くない。しかし、夜の睡眠は相変わらず良くなっていない。夜九時に寝て、〇時頃泣いて起きる。再び寝るが、午前三時起きて、以後、寝ずにごろごろしているらしい。そんな調子なのに、母親は通院に消極的。母親は依然、抗うつ剤を服用し続けているのだが。表情はいまだ緊張は高く、馴染めていない。そこで、数ヶ月に一回、経過観察とした。

その後の経過　一歳三ヶ月まで経過を追いながら見てきたが、A子は母親にずいぶんなついてきた。母親もその変化を肯定的に受け取っていたが、筆者には母親のぎこちなさがずっと気になっていた。うつ病も治療継続中であった。しかし、母親の方から治療を打ち切りたいとの希望が出された。経済的な負担が主な理由のようであったが、本心は別なところにあるのではないかとも感じられた。家族みんなからもさほどのサポートは得られてない状況に変わりはないようであったが、なぜか中途半端なかたちで治療は終結した。

実家のみならず父親の心理的サポートも乏しい状況で、今後のＡ子の成長がどうなるか、気になるところであった。

まとめ

筆者は本事例を経験して不全感に強く襲われた。もっと早くから父親を始めとする家族みんなの理解と協力を得られたなら、と思えてならない。乳児期のもう少し早い段階で母子関係そのものを診るということができなかったのかと思う。乳児の様子ばかりを診ている限りは、さほど問題を感じなかったかもしれないが、「関係」そのものを診れば問題を感じないはずはないのである。

母親が抱っこした際の乳児の反応など、「抱く - 抱かれる」という視点から捉えれば、〈アタッチメント〉の問題があることは容易に把握できたのではないかと思えてならない。母親は「関係をよくしたい」という涙ぐましい努力をしているだが、母親の気持ちとは裏腹に、母親のはたらきかけそのものがこの子にとっては侵入的な色彩を帯び、そのために双方のあいだで負の循環が生まれている。

このようなボタンの掛け違いが、乳児のみならず養育者にもその後さらに深刻な事態を生むことになることを考えると、いかのこの時期の対応が大切かを痛感するのである。

床に頭を打ち付けて甘える男児

一歳〇ヶ月　Ｂ男（M－U）
知的発達水準　正常
主　訴　泣いてばかりであやしても笑わない、抱きづらく抱くとのけぞる、視線が合わない、人見知りが激しく人を寄せ付けない。

生育歴　胎生期、切迫流産しそうになったことがある。新生児期、泣き声が弱かった。

三ヶ月、あやしても笑わない。抱くと全身硬くして緊張が高い。おなかが空くと泣くが、母乳をやるとすぐにおとなしくなって眠る。首が座ってからは縦抱きをしてもらいたがり、母子の肌が触れ合わない。抱っこしようとしても自分から身体をひねって、母親に背を向ける。四ヶ月、寝返りやずりばいをしていた。自分から抱っこを要求しない。おすわりもまったくしないで、すぐに立とうとする。じっとしておらず、いつも落ち着かない。六ヶ月、歩行器を使わせると終始機嫌はよく、一人遊びのことが多い。

八ヶ月、つかまり立ちができるようになると、その数日後には手を離して一人歩きをするまでになった。授乳時、母親が『おいしい？』と声を掛けたら、いきなり顔を叩かれた。止めようとしたら、さらに激しく二度も叩かれて、ショックを受けたこともあったという。一歳〇ヶ月、関係がとれにくいという母親の不安から、某小児科クリニックを受診し、そこで筆者のもとに紹介された。

日頃からB男は母親と視線を合わせない。ただよく見ていると、単に視線を合わせないというよりも、遠くにいればこちらの気を引く行動をとるが、いざこちらがはたらきかけると避けるようにして視線をそらし、他のことに気移りしてしまうという。母親が他のことをしていると、なんとなくこちらを意識して相手をしてもらいたそうにしているが、いざ母親が相手をしようとすると、視線をそらし、一人で他のことをしてしまうということにも母親は気づいていた。

SSPにみられる母子関係の様相

不安と焦燥感の強い母親が「子どもになんとか関わりを持とう」と懸命に関わっているが、子どもは母親のそうした熱心なはたらきかけを避けるようにして、母親の誘う遊びから他の遊びに移っていく。B男が他に関心を示すようにして指し示す物を、母親は取ってきてB男に差し出す。するとB男は他の物へと関心を移して、同じように他の物を指し示す。そうして次々に他の物へ気が移っていき、いつまでも、ある一定の物を介した遊びに母子双方が落ち着く気配はない。

母子のあいだではそのようにかみ合わない関係が続いているが、STが入ってくると、初めて会った人物であるにもかかわらず（だからこそか）、見るなり気遣うようにしてフープを取りに行き、おぼつかない足取りでSTの方に歩み寄り、フープを手渡している。

これほどまで母親の関与から回避的に行動していたにもかかわらず、いざ母親が不在になると、ST相手では落ち着かなくなり、次第にこころ細い反応を示し始める。激しい不安の表出までいかず抑え気味であったが、泣き続けている。しかし、母親との再会になると、母親との接近を回避するように代わって出ていくSTの後ろ姿を追いかけている。B男は母親に抱かれるとすぐに回避するようにむずかり、自分から母に慰めを求めることはない。

［SSPのビデオフィードバック時の印象的エピソード］　SSPの実施後、その様子を録画したビデオを別室で両親といっしょに見て振り返ることになった。B男は両親と離れてスタッフといっしょに過ごすことを嫌がり、ずっといっしょにいた。われわれがビデオフィードバックをしている最中に、部屋の中を動き回っていたB男はビデオデッキに興味を示し、ビデオテープの挿入口に手の指を突っ込んだ。B男はすぐに手を引こうとしたが、指が蓋に挟まり取れなくなった。B男は一瞬おびえたような反応を示したが、激しく泣き叫ぶことはなかった。まもなく挟まった指はそばにいたスタッフの手助けにより抜くことができた。その直後、遠回りにぎこちない歩みで母親の方に近寄っていった。しかし、母親に泣いて痛みを訴えることなく、驚いたことに母親が座っていた椅子の背もたれの方に回って自分の頭をそこに打ちつけたのである。

第一・二回　最初の頃、B男は電車を並べたり、ボールを転がしたり、短時間で次々に遊びは変わっていった。そのときのB男の動きを見ていると、楽しんでいるとは感じられず、ただ何となく玩具を扱っているように見えた。そんなB男の動きに父親も母親もただ遠くから見つめるだけでどうかかわっていいかわからず、いつも重苦しい空気が漂っていた。

第三回　遊びの途中で、B男は滑り台に興味を示し、滑り台の下から上へ、反対方向から登り始めた。B男がなかなかうまく登れない様子を見て、母親はB男の靴下を脱がせてやった。すると、B男は機嫌よく登り始め、夢中になった。そんなB男の反応を見てうれしくなったのか、両親はB男に積極的に関わり始めた。B男の様子を少しのあいだ見ていて、うまく登れないB男を母親は抱き上げてやり、一番上に乗せ、滑り台を滑らせてやった。それを両親は数回繰り返した。両親はB男といっしょに遊べたことがうれしかったようであったが、B男はなぜか滑った直後、突然、不快そうに『んーんー』とうなり声を発しながら滑り台に頭を数回自分で打ちつけた。

初めの数回は、母親もいまだ不安と焦燥感が強く、B男は母親の接近に対して回避的態度が顕著であったが、第四回のセッションの頃から、次第にB男の欲求は顕在化して、母親に甘えるようになっていった。

第六回（二ヶ月半後）　B男の発声が、情動の変化（快／不快）をよく反映しているので、B男の気持ちがたいへんわかりやすくなってきた。全身の動きにもよく反映している。それとともに母親を積極的に求めることが増えてきている。

母親の身体の動きがずいぶんとなめらかになってきた。母親は冗談を言ったりして明るい話題を話すまでになってきた。子どもの遊びに侵入的な関与は影を潜め、見守るようなゆとりのある態度に変わってきた。まるで別人ではないかと思わせるほどの落ち着きぶりである。母親も、生き生きと動き回って子どもにつき合っている。

絵かきボードのペンをB男が引っ張り回していた。このときの母親の対応には以前と今回では顕著な違いが認められた。初期の頃には母親はペンをB男の手に取らせて描き方を教えようとしていたが、今回はB男がボードを引っ張り回して遊んでいる様子を見て、母親も嬉しそうに見守っている。

これと同様の母親の関わりが、揺りかごにB男が乗っていた際の対応にも明確にみてとれた。以前であれば、立ち上がったときにかごが揺れるのをなかば面白がって楽しんでいたB男に対して、無理にかごに座らせて揺らしてやろうとしていた。しかし、今回はかごに乗っていたB男に対して、さり気なくB男を支えているだけで、母親の方から無理に子を動かそうとしなくなっている。

最初の数回では、B男がいまの遊びのどこにどのようにこころを奪われているかを感じ取るゆとりもなく、母親は玩具を教条的に扱いながらB男に誘いかけていたが、その後次第に、B男の楽しんでいる様子を見ながら、それに適切に合わせて関わることができるようになっている。母子間の情動調律の改善によって、B男が何を求めているか、あるいはB男が何をやろうとしているかを感じ取りながら、母親はB男の意図に沿った対応ができるようになっている。

同じく第六回のセッションの後半、B男は歩き回っている時にはずみで転び、額を強く打ちつけてしまった。そばにいた女性スタッフがすぐにB男を抱き上げると、B男はいやがって降りて、母親の方に行って抱かれた。甘え泣きをするわけではないが、すぐに母親の方に行って抱かれたがったのはとても印象的であった。

驚かされたのは、B男がつぎのような行動をとったことである。さきほどまで抱かれていた母親からおりて、額を打ちつけた床のところまで行って、なんとなくわざとらしく（半意図的に）その床のところに額をゆるく打ちつけ、そのあと顔をおもむろに上げてニコニコしているのである。そのあと、すぐに母親がそばに寄っていくと、母親に向かって手を差し出して抱っこを要求する。ふたたび母親から降りて、床に額を打ちつけるというよりも、さきほどよりもさらにゆっくりと床に額をくっつけていた。

第七回　一週間前、熱発のために休んだ。三八度台の熱であったが、これを契機に母親への〝甘え〟が一段と強まっていった。夜間睡眠中、頻回に目覚めては母親に母乳を求め、母乳を飲むと穏やかになり、安心して再び寝入る。このような反応が一時間ごとに繰り返し起こる。母親にべったりと身を委ねるようになってきた。しっとりと抱かれるようになった。

このセッションではずっと不機嫌で、母親に抱かれたがることが多い。母親に抱かれていると落ち着くが、母親から下りて離れると、落ち着かず不機嫌になり、泣いては母親に抱っこを求めている。家でも母親の姿が見えなくなると、激しく大泣きするようになった。

ただ時折、抱っこされたまさかんに何かに向かって腕を突き出し、何かを扱いたい様子である。母親は根気強くB男につき合っている。しかし、B男は明確にある物を扱いたくて腕を差し出しているというよりも、とにかく母親に自分の手足になって動いてもらうことでもって、安心し満足しているようにみえる。興味をもった物が見つかると、母親から降りてしばしその物を扱っているが長続きせず、すぐにまた母親に抱っこをせがむ。抱っこをせがむときも、はっきりと『ママ』と甘えた声を出している。母親を巻き込んで甘えることで、いまの自分の不機嫌な気持ちを治めようとしているようである。

第八回（二ヶ月後）　前回とはうって変わって、元気よく活発に遊ぶ。好奇心が旺盛で、なにかにつけて母親を頼りにしながら、新しい世界を探索している。興味をそそる物があるとひとりでそれに接近せず、必ず母親にいっしょに行くようにせがむ。母親に抱かれながら移動する。母親が何か用事で少しでも離れると、後を追うようにしてついてゆく。前回まではぐずったような声を出すことによって不快な気持ちを示しているだけであったが、この回では、自分の気持ちを直接わかりやすい行動で示すようになっている。ただ印象的なことは、B男自身次々に周りの物に興味が引きつけられ、物に向かって腕を差し出しているが、明確に何に興味があるのか漠然としていて、いまだ母親もはっきりとはつかみかねている。物に向かって人差し指を差し出すのではなく、腕全体、というよりも全身を物に向けて差し出そうとする動きに、そのことがよく反映している。

そのことをより明確に示すエピソードが、セッションの半ばに認められた。

次々にMIUにあるいろいろな玩具を手当たりしだい扱っていたが、あるとき、ゆりかごの方に近づき、母の手を借りて乗ろうとする。多少こわばった表情をしながらも母親の支えでどうにか腰掛けて揺れるのを楽しみ始めた頃である。女性スタッフの方に突然左腕を差し出して、不明瞭だが『おいで』と聞こえるような抑揚の声を発した。自分の方に注目してほしい、自分の心地良さを分かち合ってほしいという気持ちの現れなのであろう。ここでは何をしてほしいという明確な意図があったわけではなく、ただいまの自分の気持ちを他者と共有したい、という思いからの自己表現のように思われる。このように、B男は自分の気持ちをはっきりと他者に向けて表すようになったのが印象的である。

しかし、興味深いことには、このときB男は、女性スタッフに自分の方に注目してほしかったのだが、あまりそばに近寄られるのは嫌な様子で、女性スタッフが手を差し出そうとすると嫌そうな様子を見せている。初回のSSPの際に、B男は初対面のST（女性スタッフと同じ人物）に対してまるで気遣うようにしてフープを手渡していたことを思い起こすと、女性スタッフへの対人的構えに大きな変化が起こっていることがわかる。

第九回　好機嫌。活発でよく笑う。遊びも幅広く、いろいろと試みている。ほとんどの遊具に手を付ける。非常に活発で楽しそうに遊んでいる。くるくるスロープでB男がボールを繰り返し転がしているとき、男性スタッフが手を出してボールを手渡そうとすると、そのボールを放り投げた。お絵かきボードでなぐりがきしているとき、母親がそれを消そうとしたら、それを妨げるようにして怒る。隣の部屋に行きたそうにしているのを母親が制止しようとすると、怒る。何か他の遊びに誘ったり、他の物を示しても、はっきりイヤと首を振る。自分の思い通りにしたいというよりも、自分のやりたいことに対して少しでも妨げられそうになることに対して、明確に拒否の感情を示すようになっている。

以前であれば、あれこれB男が周囲の物に関心を示して、指を差し出していても、何となく何をどうしたいのか、漠然としか捉えがたかった。しかし、いまでは自分が何にどのような関心を持っているか、とても明瞭になってきた。B男の行動の意図がはっきりしてきた。よってわれわれも、B男の気持ちがとてもよく理解できるようになった。

隣の部屋に行きたい欲求が高まり、母親が行かせまいとして気を紛らわせようとするが、いつまでもあきらめず、不機嫌になってくる。葛藤が強まってくる。以前ならばここで、頭を打ちつけるなどの行動（障碍）を示していたが、このときは母親におっぱいをせがみ始めた。母親がおっぱいをやると、次第に気持ちが治まり、最後には母親に抱かれたまま寝入ってしまう。

第一〇回　自己主張が強まってきた。感情表現も明確になってきた。思うようにいかないとぐずるが、母親のおっぱいをしゃぶることで機嫌を取り戻すことができる。遊んでいて楽しいことがあると、男性スタッフの方をちらちらと見回し、自分に注目してもらいたい様子である。自分の思いどおりに遊びたい様子で、母親が不用意に近づくと、来るなと明確に自己主張して拒否する。しかし、自分がどこかに行こうとするときには、必ずといっていいほど母親について来るようにと要求している。
当初母親に対して回避的傾向が薄らいでいたときでも、誰かがＭＩＵの部屋に入ってくると、すぐに敏感に反応し、警戒的な態度を示していたが、この頃になると、そのような過敏な反応はずいぶん和らいだ。以後も順調な経過を辿った。全経過はほぼ一年で、三三回を数えた。遠方に転居となり、その後は不定期な通院であったが、小学校卒業まで続いた。その間、一次的に精神病的破綻の危機を迎えたことがあったが、短期間で回復した。

まとめ

この治療でとても印象的であったのは、ひとつには、初診時に実施したＳＳＰの後、家族そろってビデオフィードバックをしてＳＳＰを振り返って見ていたときのエピソードである。

不意にビデオデッキのテープの挿入口に手を突っ込み挟まってしまった。おそらくとても痛くて大泣きしたかったにもかかわらず、B男は泣くことはなかったが、すぐに母親の方を見て、遠回りして近寄っていったが、母親にしがみつくことはなく、母親の座っている椅子の背もたれに頭を打ち付けたのである。これには、筆者は非常に驚かされるとともに、強い〈アンビヴァレンス〉がこれほどまでに痛々しい反応を引き出すのか、と思い知らされた。そのときの母親の思いを想像すると胸が痛む。

もうひとつは、第六回でのエピソードである。みんなで遊んでいたとき、たまたまB男が床に頭を打ち付けた。そのとき、みんな心配して一斉に彼の方に視線を注いだが、彼はそれがいたく心地よかったのであろう。まもなく彼は、自分からわざとらしく床に頭を打ち付けて、そばにいた母親に甘える仕草を見せたのである。

筆者はこのシーンを見てすぐになんとも微笑ましく感じ、いたく感動したのを今でも鮮烈に思い出す。治療開始前には他者の視線を回避していた彼が、ここではまったく逆に、他者の視線を心地よいものに感じ取り、意図的とも思える行動でそれを求めていることを教えられたからである。

〝甘え〟に焦点を当てた治療がここまで劇的な変化をもたらすことに、筆者は確信を得たように思う。

唐突に子どもを乱暴に扱う母親

一歳一ヶ月　C男（精神科病院外来）

知的発達水準　正常（推定）

主　訴　後追いをしない、母親がいなくても平気だ、母親を障碍物や邪魔者のように扱う、母親の顔を見ない、模倣をしない、あやしても笑わない。

生育歴　初診時の受付票に、母親の既往歴にうつ病との記載があったので、そのことについても詳しく訊いた。母親は、独身時代に職場のストレスからうつ病を発症し一年ほどの通院治療で改善した。その後、結婚し、妊娠後、仕事を辞めて育児に専念しているという。

出産後、母乳育児にこだわっていたが、子どもの体重増加が思わしくなかったので、健診にいくと、母乳不足を指摘され、大きなショックを受けた。その後、どうしたらよいかわからなくなり、昼間、母子ふたり自宅で過ごすことができないほどに不安となり、夫の職場にも電話をして相談するまでになった。夫は「心配するな」と言うが、すると、自分の悩みを真剣に聞いてくれないと訴える。インターネットを見てはいろいろなところに相談に行き、藁にもすがる思いであれこれ試すようになった。そんななかで、筆者のもとに紹介されてきた。両親同伴での受診であった。

初診時の様子

初診時の最大の特徴は、C男の落ち着きのない動きと母親の抑うつであった。

母親に抱かれて診察室に入ってきたが、視線は筆者に向けられ、よく見つめている。

抱かれていても落ち着きがなく、じっとしていない。すぐにのけ反るために、ソファに下ろす。すると嫌がり、ごろごろして落ち着かない。代わりに父親が抱くと、先ほどのようには嫌がらない。初めての人に対しては多少の警戒心を見せているが、筆者が抱くと嫌がらない。人見知りがあるのかないのか、定かではない。

部屋を変えて、ゆったりと遊べる部屋に移り、そこで簡易なSSPで、母子の分離と再会での反応を見た。退室する母親を目で追うのだが、自分から後追いをすることはない。しかし、その後、筆者も退室して一人ぼっちになった途端に、かなり強い調子で泣き始めた。痛々しい泣き声であったので、慌てて母親といっしょに部屋に戻ると、すぐに泣き止み、C男は母親に向かって手を差し出していた。それを見て母親は抱き寄せたが、なぜかすぐに降ろした。どうしてか訊ねると、嫌がったからだという。抱かれるとすぐに離れようとする、つまりはそこに強い「甘えのアンビヴァレンス」を見て取ることができた。

母親は痛々しいほどであったが、子どもと自由に遊んでいる場面を見ると、母親の過剰なほどに熱心で強いはたらきかけが目についた。それは子どもにとって非常に侵入的で、回避的反応を起こす子どもの気持ちがよくわかった。

そこで筆者は、懸命になってはたらきかけようとしている母親の思いを汲みとりながら、手抜きを勧め、まずは子どもの動きを見ることに努め、それに合わせて相手をするようにと助言し、うつ状態に対する薬物療法も勧めた。母親は素直に応じた。

治療経過

一、二週間で、母子ともに好転してきた。母親はくよくよすることも減り、C男の人見知り反応はより明瞭になってきた。しかし、母子ふたりで遊んでいる様子を見て、気になることが目につき始めた。母親の子どもに対する遊び方に、攻撃的とも感じられるほどに強引なところが認められたのである。
たとえば、母親がバランスボール用の空気入れを手にとって子どもを目掛けて吹き付けている。けっして子どもはそんなことを求めているわけではなく、遊びの流れからすれば、唐突な印象がぬぐえない。子どもにすれば、恐れを抱かせるほどのものであった。さらに、スタッフが子どもと楽しそうに遊んでいる所を見て、母親はスタッフに負けじと強引に割り込んでくる。

筆者はこのような母親の行動の背景に、母親の潜在的な強い「攻撃性」あるいは「怒り」を感じ取ったが、それは「自分を認めてもらいたい」という強い願望に基づいているようにみえた。しかし、筆者はこのとき、特にこのことを扱うことは控えた。

面接を重ねるにつれ、浮かび上がってきたことは、子どもが自分を求めない、自分を無視することに対する、母親の「淋しさ」と「怒り」あるいは「嫉妬」であった。筆者からみると、子どもの動きにうまく応じられず、はたらきかけが子どもにとっては侵入的であるがゆえに、子どもは母親に甘えたくても甘えられない状態にあると判断できた。しかしここでも、このことをとりあげることは控えた。母親の罪悪感を刺激することを危惧したからである。筆者はしばらく、子どもの好ましい変化を引き出すことに専念した。

二ヶ月半後、子どもの母親への注意喚起行動がより顕在化してきた。自分の相手をしてほしい欲求であることを母親に説明しながら、母親自身のそだちについて、初めてじっくりと訊いた。自分の母親に対して肯定的な気持ちを持っていたが、幼少期からいっしょに遊んでもらった記憶はなく、よく怒っていたので怖かったことが印象に残っているという。母親の言いつけをかたくなに守ってきた。その結果、何かにつけて「こうあるべきだ」という強い思いがはたらきやすくなっていることが想像できた。夫の話でもそのことが裏づけられた。

四ヶ月も過ぎた頃になると、子どもに印象深い変化が起こってきた。以前であれば玩具を見つけると脇目も振らず、直線的に向かっていたが、いまでは周囲の大人の方に目をやり、嬉しそうにして遊ぶようになった。自分の興味関心を分かち合いたい思いが、とても伝わってくるようになったのである。その後、C男の発語がどんどん増えて、遊びのなかで「これ何？」を連発し、教えてもらっては復唱するまでになった。

九ヶ月後、そのような劇的な変化が認められてしばらく経ったときである。

ことばが増えたことを筆者が母親にうれしそうに話すと、予想に反して母親は不満げに、『でも、電車のことばかり言うんですよ』と嘆くのである。筆者はその反応に驚かされたが、そのとき母親に子どもといっしょに遊ぶように誘った。そこで母親が子どもに語りかけている様子をみて、すぐに気づいた。母親自身が子どもに語りかけているのが、まさに電車に関したことばばかりだったからである。『これは小田急の……、これは東急の……』筆者はそれを聞いて、驚くとともに、わざと大げさにおどけたようにして《お母さん、いま何と言ったかわかる！　お母さんこそ、電車のことばかり語りかけているんじゃないの》《子どもが電車のことばかり言うのは当たり前よ》《坊やはお母さんの言うことを一生懸命聞いて、覚えて、話しているんだよ》《お母さんのことを好きだから、お母さんのことばを取り入れているんだよ》と伝えた。

そして《お母さんは「無いものねだり」なんだ》と楽しい口調で付け加えた。子どものことばが出ないので心配していたにもかかわらず、ことばが出るようになったら、ことばの内容に不満をもつ。ことばが出てきたことを素直に喜べないのだ。筆者には、欲しいと主張していたものが手に入ったにもかかわらず、他のものがほしいと言って駄々をこねている子どもの姿が重なったのである。すると驚いたことに、母親はすぐに、『わたし、昔から「無いものねだり」でした。あの人は頭がいいな、スマートでいいな、きれいでうらやましいな、という思いがとても強く、「これが自分だ」という自信めいたものがない』と語った。「自分がなかった」ことを回想し始めたのである。面接でこのような展開があってから、母親は何かが払拭されたように、子どもへの攻撃的な言動は影を潜め、子どもの思いを代弁するようにして応じるようになっていったのである。

まとめ

治療の当初は、C男の母親に対する〝甘え〟の〈アンビヴァレンス〉が前景に出ていたが、それが消退していくと、それに代わって「無いものねだり」というかたちで、母親の屈折した〝甘え〟が浮かび上がってきた。つまりは、C男の母親に対する〝甘え〟の問題の背景に、母親自身の幼少期からの強い〈アンビヴァレンス〉が関与し、そのことが現在の母子関係の内実を強く規定していることが明らかになった。面接のなかでそのことをとりあげることで、急速に、母親自身の〈アンビヴァレンス〉は弱まり、子どもは安心して自己主張することができるようになっていったのである。

このような劇的な変化が生まれた最大の契機は、筆者が母親の子どもに対する攻撃的とも思える遊び方を気にしつつも、それは治療のなかで一切とりあげず、子どもの状態が好転して母親に多少なりともこころにゆとりが生まれた頃に、母親が思わず子どものことばについてもらしたことばをとりあげたときである。「無いものねだり」の指摘であるが、そこで筆者は、母親の自責感を刺戟しないことを留意したが、そのときの筆者の思いは、「お母さんも、小さい頃から寂しい思いをしてきたのですね」というものだったと思う。そうした思いからやっと母親も多少なりとも解放されたのではないかと思っている。

第二章　幼児期

母親にさかんに気を使う子ども

二歳一ヶ月　D男（M–U）
知的発達水準　正常
家族構成　D男は一人っ子。両親との三人家族。父親は公務員。母親は専業主婦。父方祖母と父親が非常に強迫的で、先どりしたかたちでいつも、子どもの行動をせかすような接し方をするという。
生育歴　周産期、特に異常なく、満期正常分娩で出生。乳児期、哺乳はさほど強くなく、母乳に対して淡泊な印象を受けた。人見知りや後追いはなく、アタッチメント行動はきわめて少なかった。ただ、歩き始めるよりも早くことばを話し始めた。

　幼児期、歩き始めると、多動が目立ち始め、自分のペースで周りの大人と関わるが、他者から近づかれると、嫌がり避けていた。母親にも、自分から抱かれたがることはあっても、母親が抱こうとすると嫌がり、抱かれることは少なかった。母親は「このままで大丈夫か」と不安になって、筆者の外来を受診。

初診時の特徴

動きが激しく、一時もじっとしていない。MIUにあるさまざまな玩具に手当たりしだい触るが、すぐに他のものに気移りする。話し言葉は自由に使えコミュニケーションに特に問題を感じさせない。典型的なADHDであった。

治療経過

多動傾向が強いためもあって、母親は、子どもの行動を監視するように、頻繁に禁止や指示のことばを発し、その声の調子には子どもを突き放すような強さを感じさせた。子どもの多動と、母親の指示的態度は、相互に深く関係し合っていることがうかがわれた。母親は多動な子どもを前にして指示的にならざるをえないが、子どもはそのような母親の関与によって容易には接近できず、ますます動き回らざるをえなくなる。このような悪循環を見てとることができた。

母親の焦燥感が強い様子であったので、じっくりと両親から話を聞きながら、自由に母子交流を楽しんでもらえるように工夫した。

数週間も経つと、D男はテレビを見ながら『コワイ、コワイ』『オッカ（お母さん）』と言いながら母親にべったりくっつき始めた。「ダッコ」の要求も増え、母親の両足にまとわりついたりする。母親はそのような変化に対して、逆に戸惑いを示し始めた。

以前からだというが、D男は両親に驚くほどの気遣う行動をしていることも明らかになってきた。たとえば、父親の夕食時にもビールの栓を抜き、『オカカ（お母さん）、ドウゾ』と勧めたりするという。それとともに、自分の要求や自己主張もずいぶんと増えてきたという。治療場面でもそうであったが、じつは母親も普段、家庭や周囲の大人への過剰なほどの気遣いをする特徴が認められた。それは父方祖母や父親への気遣いからきていることを、母親はすでに気づいていた。こと細かく母親に指図する父親だというが、実際の治療場面では、ソファに横になっている赤ん坊のそばに座っていながら、赤ん坊がどんなに動いていても赤ん坊をあやしたり、気遣ったりする様子は見られず、そばで平気で座っているのが印象的であった。

このような状況から、家庭で母親はいつも周囲に気遣いながら振る舞い、子どもにもつい同じような振舞いを要求していることが推測された。

そこで母親の育児にまつわるさまざまな気遣いと気疲れを面接のなかで積極的にとりあげていくと、次第に母親の声の調子が穏やかになっていく様が、筆者にも感じられるようになった。

興味深いことに、それまでD男の行動に対して常に監視者のような目でこと細かく指示していた母親は、次第にD男のまとわりついてくる仕草に対して、かわいさや愛おしさを抱くようになった。

すると驚いたことに、D男は強い人見知り反応を示すようになった。さらには、母親に言葉で要求するのではなく、さりげなく母親に接近して抱かれるようになった。そうかと思うと一方では、それまで素直に指示どおりに行動していたD男は、遊具を片づけるように言われても、『デキナイ、デキナイ』と言って甘えるようになった。母親はD男のこのような変化を、快く感じ取っている様子であった。

そんな変化が起こり始めた最中に、ある日、母親の友人ふたりが子どもを連れて自宅に遊びにやってきた。友人の親子の遊び方を見ていると、彼らは子どもの行動にいちいちうるさく言っていない。子どもの行動をよく受け入れながら相手をしている。それに比べて自分は子どもに口うるさいことに気づいたという。どうしても周囲の目を気にして子どもにうるさく言っていると思うと語り、母親自身が非常に内省的になってきたことがわかった。すると母親の話し方もじつに穏やかになってきた。そんなことがあって間もなく、母親からD男の弟への乱暴な振る舞いがやわらいできたことが報告された。

まとめ

治療初期、母親の子どもへの語りかける口調の指示的で高圧的な感じがいまでも強く記憶に残っているが、おそらく子どもには、それが脅威なのだと思う。それゆえ母親に近づきたくても近づけない。そんな思いを強く感じながら、母親の背景を理解するように努めていった。最後の頃の母親の口調は優しさを感じさせるものへと変わっていた。

子どもが自分の思いどおりにならないと不安になる母親

二歳一一ヶ月　E男（大学心理相談室）

知的発達水準　正常（推定）

主　訴　ことばの遅れ、視線が合いにくい、関係がしっくりこない、自閉症ではないか。

家族構成　姉・兄・E男・両親の五人家族。近くに母方祖父母が住んでいて、毎日のように互いに行き来している。

生育歴　妊娠中、特に異常なく、満期正常分娩。身体運動発達のマイルストーンにも特に問題はなかった。しかし、一歳過ぎてもことばが出ない。相手をしていても視線が合いにくいことがずっと気になっていた。母親が手を繋いでいても、すぐに手を振り払ってどこかに行ってしまい、迷い子になるということが少なくなかった。他の母親に相談すると「自閉症ではないか」と言われて心配になった。いまでもほとんど、言葉らしいものは出ていない。保育園に連れて行っても、母子分離に対して平気な様子だという。最近、祖母の勧めで筆者のもとに相談にやってきた。

治療経過

面接を始めると、母親は心配ごとを矢継ぎ早にどんどんと話しかけてきた。心配が強いことが気になったので、筆者は、ゆっくりゆっくり一語一語噛み締めるように相槌を打ちながら応答するようにこころ掛けた。母親はこちらの応答を待つことが困難なほど先を急ぐため、筆者は次第に、自分から何かを話そうという意欲がそがれ、自分の気持ちが萎えてしまうような感じをもった。

そこで筆者は、そのことを次のように伝えた――《お母さんがどんどん先を急がれるので、こちらはどう口を差し挟んだらよいか戸惑ってしまいますね》と。母親との面接のなかで筆者が感じたことをこのようなかたちで投げ返してみたところ、母親は急に顔面を紅潮させながら、何かに気づいたかのようにして、一気呵成に以下のような内容を語り始めたのである。

［自分の思いどおりに子どもが行動してほしい］ 自分が子どもに対してなぜか待てないところがある。自分の望むように子どもに行動してほしいと思ってしまい、つい、子どもに怒ることが多いというのである。上の娘はどこか繊細で、自分からはあまり話そうとしないが、一人でいろいろと考えているようだ。本を読むのが好きで、大人びたところがある。能力は高いと思うのに、学校から帰ってもすぐに宿題をやらない。やらなくてはいけないとわかっているのに、やろうとしない。いまやればすぐにできると思うのに、夜になって時間がなくなってからやろうとする。そんな姿を見ているといらいらする。二番目の息子は、姉と弟のあいだに入って気を使っている。母親からみるととてもできた子だ……、というのである。

［「子ども－母親」関係が変わる］ このように筆者が母親との面接のなかで感じたことをとりあげたことをきっかけにして、母親は三人の子どもとの関係について次々に、急に思い出したように語るようになった。母親は子どもとの関係を内省的に振り返ることができたが、筆者にはずいぶんと母親の肩の力が抜けたように感じられた。

まもなく、外に出ていたE男がセラピストといっしょに部屋に戻ってきた。すると一目散に母親のところに走って行き、首に強く抱きついたのである。筆者には、E男がこころから甘えているのがひしひしと感じられたので、母親の気持ちを訊ねると、素直に「うれしい」と答えるのだった。しばらく母親の膝の上でじゃれていたが、満足したのかふたたびセラピストと遊び始めた。

第二回【母子の遊びのなかで気づいたこと】　一週間後、筆者はそばで付き合いながら、しばらく母子二人で遊んでもらった。E男は小さなスポンジボールを二個手に持っていた。それを見て母親はすぐに、そのボールとセットになっているゲートボール用のスティック（を模した玩具）を取り出し、E男に手渡して、使うようにと誘った。E男は戸惑っていたが、母親はなんとか使えるようにと手を携えて教えていた。するとE男はスティックを手に持って小さなトランポリンの下を覗きながら、まるでモップがけするようにしてそのスティックを出し入れし始めたのである。

その後、E男はプラスチック製のバットを見つけて振り始めたので、それを見て母親がボールを投げてやり、E男はバットで打ってはうまく当たるとうれしそうに反応していた。周囲の大人たちも拍手をし、雰囲気は盛り上りを見せていた。けっこう楽しそうにしていたが、次第に飽きてきたのであろうか、バットの持ち方が変わったのに筆者は気づいた。それはまるでバットが刀に変ったように見えた。しかし、母親はそれに気付かず、なんとか打たせようと懸命に相手をし、E男がその気になる様にさかんに仕向けるのである。そこで筆者は、そばにあったゲートボール用のスティックを手にとってちゃんばらごっこを始めた。するとE男はバットを刀にして応じ始めた。遊びにどんどん熱が入り、懸命になって切りつけ始めたので、筆者はおどけるようにして怖がって逃げた。するとE男は追いかけてまで、ちゃんばらごっこを続けるのだった。

【ふたつの関係に共通して流れるもの】　最初の面接で母親の語りのなかに筆者が感じ取ったことは、なぜか母親は先へ先へと急いで話し続けるために、筆者は口を挟むことさえできないほどの圧倒される感じを抱き、母親との対話を持とうとする気持ちが萎えるように思えたことであった。このような「母親－筆者」関係のなかで感じられたことを筆者がとりあげたことが契機となって、母親は自分と三人の子どもとの関係を、堰を切ったように語り始めている。

ここでとても興味深いのは、「母親－筆者」関係のなかで起こっていることが、「母親－子ども」関係のなかでも同様に起こっていることに、母親が気づいて語り始めたことである。その引き金となったのが、筆者の指摘、つまりは母親と筆者とのあいだで起こっていることをとりあげたことであった。このことは、ふたつの関係には「母親の対人的構え」の点で共通性があることを示している。それは、母親が他者に対して接する際に、なぜか相手の気持ちや意図を汲み取ることが容易ではないために、つい自分の思いで関わろうとしてしまいやすいことである。しかし幸いなことに、筆者のとりあげた一言で母親はそのことに気づき、内省的な態度をとることができている。ここに母親の健康的な一面を垣間見ることができるのである。

［母親の教条的な遊び方］　しかし、二回目、母子で遊んでもらった際に、日頃の母子の関わり合いの特徴が浮かび上がっている。母親は子どもに懸命になって付き合っているのだが、どうしても母親は子どもの思いに合わせて行動することが難しく、つい、自分の思いに突き動かされるようにして遊んでいる。そのことが、子どもとの遊びの場面で浮かび上がっている。玩具を手にすると、バットならバット、ゲートボールのスティックならスティックというように、既成の枠（それらの玩具は一応それらしく作られているので、そのように遊ぶのが通常の扱い方ではあるが）に囚われてしまい、子どもの発想に柔軟に対応することが難しかったのである。筆者はこのことを、前回の面接での内容と照らし合わせながらとりあげて母親といっしょに考えていった。すると次回から、母子の遊びは次第に柔軟なものへと変化し、ふたりの遊びは大いに盛り上がり、楽しいものへと変わっていった。すると日常生活場面でも、E男は母親に甘えるようになっていったのである。

子どものこころを映し出す鏡

泣いている乳児の相手をする際に、養育者は、なぜ泣いているのかを察知して「おなかがすいたのね」「ねむいのね」「オムツがぬれて気持ちが悪いのね」などと言いながら乳児の世話をし、乳児の不快な気持ちを心地良いものへと変えてやる。ここに育児や養育の基本的な構えが示されている。養育者が子どもの気持ちを感じ取り、それを子どもに投げ返してやるという役割を担っている。まるで子どものこころを映し出す鏡のような役割を果たしているのである。

乳児はいま自分に何が起こっているか、みずからの力のみでそれを理解するすべを持ち合わせていない。このような他者の関わりを通して初めて、いま自分に何が起こっているかに気づくことができる。乳児は、養育者のこころを通して自分のこころのありようを理解していくようになる。乳児にとって養育者は、鏡のような役割を果たしているということができる。子どものこころを育むためにはこうした他者との関わりが不可欠なのである。

子どものいまを生き生きと映し出す

鏡が本来の役割を果たすためには、いま子どもが何を感じているか、何をしようとしているか、「子どもの生き生きとした姿」を映し出すことが不可欠である。泣いている乳児を目の前にしたときに、なぜ泣いているかを養育者が肌で感じ取って対応する、ということの大切さである。このように養育者（に限らずわれわれ）は通常、子どもを相手にした際に、いま目の前の子どもの生き様を感じとっているものである。そうでなければ、子どもは自分の存在を養育者のこころのなかに発見することができなくなってしまい、強い不安に襲われかねないのである。

養育者がこころに抱く子ども像

しかし、養育者が子どもを相手にしているとき、いつもこのようにいまの子どもの生き様だけを思い浮かべて接しているのではない。子どもに対して養育者がこころに浮かべる子ども像（内的表象）には、いくつかの次元のものがある。そのひとつは、これまでとりあげてきた「いまの子どもの生き様」ともいえる〈現実的子ども像〉である。このような子ども像は、誰の目からも明瞭に映り、養育者自身も意識化することができる。

「這えば立て、立てば歩めの親心」の成句に端的に示されているように、養育者は子どもの一日も早い(?)成長した姿を思い描きながら、日々接している。このように養育者のこころには、子どものいまの生き様を感じ取るとともに、子どもに「こうあってほしい」「こうなってほしい」という願いが込められているものである。それが子どもにとっても養育者の期待に応えようとする意欲を駆り立て、成長を促進していく大きな力にもなっていく。養育者の期待がこめられた〈想像的子ども像〉である。

しかし、そのような思いが、商業主義的な早期教育の影響を受けたり、周囲の雑音に振り回されたりした借り物の願いであったりすると、養育者はそれに強く縛られてしまい、いま目の前の子どもの生き様を生き生きと感じ取ることが困難になる。子どもの姿をアクチュアルに感じ取ることができなくなってしまう。その時養育者の心の中に浮かんでいるのは「こうあるべきだ」という硬直化した〈理想的子ども像〉である。

養育者が気づきにくい理想的子ども像

E男の母親が遊びのなかで、玩具を手にして遊ぼうとした際に見せた姿は、まさに、子どもの生き様をアクチュアルに感じ取ることが難しかったがために起こったものである。そのためE男は、母親の瞳のなかに自分の姿を発見することができず、不安な気持ちに襲われていたのであろうと思われるのである。

子どもの成長を願う思いがなければ、子育てという多大な労力を要する営みなど継続できるものではなかろうし、そうした思いは不可欠でもあるのだが、実際の生活場面で問題となりやすいのは、このような思いが「他者から与えられた価値観」に基づくようなものであればあるほど、いま目の前の子どもの生き様を感じ取ることを困難にするということである。

さらにやっかいなのは、当事者である養育者がそのことに気づきにくいことである。それゆえ臨床場面でそのことをとりあげて気づいてもらう必要があるのである。

「母親－娘」関係にみる負の循環

これまでおもに「母親－E男」関係に焦点を当てて考えてきたが、第一回の面接で母親の口から語られているように、母親と娘とのあいだにもデリケートな関係の問題があることがうかがわれるのを、見落とすことはできない。

娘は母親との関わりを避けていることは誰の目にも明らかであるが、ここで大切なことは、「母親－娘」関係にもE男との関係と同質の問題が生じていることである。それは、娘にみられる〝甘え〟をめぐる〈アンビヴァレンス〉である。娘には「母親に甘えたい」気持ちがあるのだが、いざ母親を前にすると回避的になってしまい、母親が他の用事で手が離せないような状況になって初めて、宿題をおもむろにやろうとしているのである。

このように、正面きって母子がいっしょに関わり合おうとすると回避的になり、母親が他のことに気を取られていると、母親の期待に沿って動き出す。「母親－娘」関係にも、先のE男とのあいだと同じような「負の循環」が生まれ、悪循環がエスカレートしやすい状況が生まれていることに気づかされるのである。

まとめ

初回母親との面接で彼女が自分の子どもへの思いを一気呵成に語り始めた契機となったのは、筆者が母親の語り口調をとりあげたことであった。それは、筆者との関係を反映していたのみならず、母子関係の質をも反映していたことでもあった。ここで重要なことは、そのことに母親みずから気づくようになったことである。「なにを語るか」ではなく、「いかに語るか」に着目することの重要性がここにも端的に示されている。

〝関係〟に視点を当ててみると、E男・娘・母親・筆者おのおのの相互の関係に、同じような動きが起こっていることに改めて気づかされる。したがってわれわれは、おのおのの関係のなかでその動きを感じ取りながら、そのなかに〝甘え〟をめぐる問題が潜んでいることに気づくことが大切である。

そのことがおのおのの相互の関係に「負の循環」を生み複雑な彩りを添えていることに気づき、「負の循環」を断つべくいかにその関係に介入していくか、そのことを検討することが、関係発達臨床における最大のポイントである。

摂食障碍の既往をもつ母親の子育て

三歳二ヶ月　F男（心身障害福祉センター、精神科クリニック）

知的発達水準　中等度遅滞

主　訴　しゃべらない、奇声を上げる、他人が話かけても見向きもしない。

家族構成　父親（会社員）、母親（専業主婦）、本人、妹（一歳二ヶ月）の四人家族。

生育歴　胎生期異常なし。満期正常分娩。出産時、F男は目を開けたままで出生し、その後も、他の赤ん坊は眠っているのにこの子だけ周囲をキョロキョロしていたのが、とても印象的だった。新生児期、異常なし。頸座は五ないし六ヶ月と遅かった。始歩一歳三ヶ月。人見知りの有無は不確か。混合栄養。生後六ヶ月頃まで夜中によく泣き、抱かれないと寝つかないため世話が大変だった。玩具には関心を示さなかった。

一歳、人形が近づいても人形に関心を向けない。親とも目を合わせず、必ず目をそらすのでおかしいなと思った。一歳三ヶ月、歩きはじめると、落ち着きなく動き回り、玩具で遊ぼうとしない。一歳六ヶ月、「トートー（父の意）」「カーカー（母の意）」「オカエリ」など発していた。一歳一一ヶ月、「キーキー」と奇声をさかんに発するようになり、それまで話していた有意語をまったく言わなくなった。二歳すぎてから、奇声がますますひどくなってきた。名前を呼んでも振り向かなくなった。それまで父親が帰ってくると「オカエリ」と言ったりしていたが、父親の姿を見るなりすぐに元のところに戻って一人遊びをするようになった。どうも様子がおかしいと思うようになった。

遊びはいつも同じようなパターンの繰り返しで、玩具を扱うことは少なく、いつも数字や文字に強い興味を示していた。

二歳六ヶ月、三歳児健診で相談をと考えていたが、周囲の人から早く相談に行くように勧められたので保健所に出かけ、そこで障害福祉センターを紹介された。そのときの小児科医の診断（発達障碍、軽度遅滞）により、施設に母子通園することになった。

三歳一ヶ月、某大学病院精神科を受診し、自閉症の診断を受けた。まもなく通園先の担当保母が「どうもF男の行動が気になるから……」ということで筆者に紹介された。

初診時の母子関係の様相

母親は小柄で、年齢に比してとても幼い感じの女性。育児がそうとう負担になっているのか、F男を見つめる視線は、冷めた印象を受ける。F男は有意語を持たない。言葉で語りかけても、こちらが期待するような反応を示さない。マイペースな動きが目立つ。

F男は母親の存在をとても気にしている様子がうかがえるが、母親のそばになかなか近づけない。遊戯療法室にある小さな階段の上に登ったり、鏡に映る自分の姿を眺めている。窓の外の景色には関心を示さない。さりげなく母親に近づくが、母親はうまく受け止めることができない。そのうちに、母親に近づいて母親の頬をつねったり叩いたりし始めるが、このような挑発的な行動の意味を母親はつかみかねて『痛いでしょう。やめなさい』と、かなりきつい命令口調で、F男の〝甘え〟を拒絶してしまう。F男の母親へのアンビヴァレントな〝甘え〟がとてもわかりやすいかたちで示されている。

治療経過

前半は障害福祉センターの遊戯療法室でおこなわれたが、後半は筆者の事情により、精神科クリニックの面接室に変更された。第一一回まで隔週一回、以後毎週一回を原則とし、一貫して母子同席の形態をとり、筆者ひとりが担当した。

第一回〜第四回［子どものアンビヴァレンスと抱っこ］　筆者は、母親にＦ男をしっかりと受け止めることが必要であるとの判断から、しっかり抱っこをするように試みた[36]。セッションの後半、Ｆ男が母親に接近してきたタイミングを見計らって筆者は、母親にＦ男を抱きかかえるように勧めた。母親のＦ男を抱く仕草はぎこちなく、そのため筆者は終始そばにいて、頻繁に手を添えて、抱きやすいように援助しなければならない状態であった。Ｆ男は最初の頃は激しく抵抗し、抱かれることを拒否したが、次第に抵抗は鎮まり、抱かれることの心地よさが表情に見て取れるようになった。

前回のセッションの後、いっしょに外出すると、Ｆ男は母に抱っこを盛んに要求するようになった。母親はそれを肯定的に受け止めることは困難であったが、筆者は「うんと抱いてやるように」母に助言した［第二回］。面接場面でのＦ男の母への甘え方が自然になって、母に接近するのも抵抗を見せなくなった。筆者が母親と面接をしていると、Ｆ男は母親に接近してひざの上に抱かれ、しばらくすると離れて玩具を扱うといった行動を幾度となく繰り返すようになった。筆者や母親にさかんに指さしして何かを言わせようとする意志表示が目に付くようになった。このように、わずか数回のセッションで急激にＦ男は母に依存的になってきたにもかかわらず、母親はいまだＦ男の変化に戸惑いを示しているのが印象的であった［第三回］。

好奇心が旺盛になったためか、外出の要求が多くなった。Ｆ男の楽しみは、外に捨てられている菓子袋のマークや記号を見ることで、特に数字が好きであった。母はＦ男の遊びに合わせて行動することがうまくできず、Ｆ男がこのような楽しみを示していることに、不快な表情さえ示していた。『自分も小さい頃、遊んでもらったことがない、おとなしく一人で遊んでいたと思う。だから、この子にどう相手してやったらよいかわからない』『すわって何かに取り組むようなことをさせないといけないのではないか』などと焦燥感を交えながら語っていた［第四回］。

第五回〜第一一回【母親は摂食障碍の既往を告白】　第五回のセッションから、F男はハンモック遊び（母と筆者にF男の手足を各々持たせてぶらぶらと揺すってもらう遊びを筆者はこのように称していた）を要求するようになった。絵本を見ながら『アーアー』と声を発し、指さして母親に言わせようとする。母親はそんなF男の姿を見て、まだこんなことしかできないのかと悲観的になるばかりであった。

そんな母親の気持ちを筆者はとりあげた。すると母親は内省的な態度を示すようになって、自分は独身時代に思春期やせ症になったことがあると語り始めた。突然の母の告白であった【第五回】。母親は『この子に接していてつくづく「自分はこの子に関心を示していない」と感じる。二人の気持ちがずれているかなと思うことがある』と、子どもへの自分の態度について内省的に語った。そこで筆者が自分の病気といまの育児との関連について訊ねると、『自分が育てられたように自分も子どもを育てている。怒ってばかりいた。自分も母親に怒られてばかり。だから母親の機嫌をとって顔色をうかがって気に入られるように振る舞っていた。だからいい子だった……』と母親は答え、自分の子どもへの態度と自分の母親と自分との関係がどこか似ていることを感じ始めていた【第六回】。

それまで筆者と母親に決まったようにハンモック遊びを要求するばかりであったが、次第に、診察室の上にあるペンやスタンプなどを扱うことに興味を示し始めた。しかし、ペンをうまく扱えないF男の様子を見て母親は、うまく手を添えてやるなどの援助ができない。筆者がちょっとF男の手を添えてやるとうまくでき、嬉しそうに反応を示す。自分ひとりでもやってみたそうな素振りを示すが、失敗が怖いのか用心深く、自分から積極的にやろうとはしない。そんなF男の様子を筆者が感じ取ったままに母親に説明すると、母親は『やせ症になるまで、親のいうことをただ聞いてばかりいた。そのため、自分ひとりで考えて行動することがなかった。だから、就職してから自分で考えて物事をしなくてはいけない状況になり、とても困った。みんなが当然と思ってやっていることが自分にはわからない。育児も最初は何をどうしたらよいかまったくわからなかった。H病院に入院中、日記を書かされてつらかった[37]。自分の考えを表現することはとてもつらかった』と、子どもの様子と自分の育ちをどこかで重ね合わせて回想し内省的になった【第七回】。

その後しばらく母子交流はスムーズに進展せず、一進一退の状態が続いた。

第一二回〜第一四回　筆者の勤務の事情により、これまでの遊戯療法室での治療形態から精神科クリニックでの通常の診察室〔診察用の椅子の他に長いソファが一脚設置されている〕に変更となった〔第一二回〕。ただ、治療回数を増やすことが望ましいとの判断で、このセッションから週一回に変更した。

Ｆ男は治療の場所が変わっても、まったく不安がらず、新しい場所でも、筆者を見るなり嬉しそうにまとわりついてくる。盛んに発語をするようになり、『パーシュ〔バスの意〕』と繰り返している。母親はＦ男の発語について『バスのことを言っているんですよ』と語るが、言葉を意欲的に話すようになってきた子どもの変化が、母親には特にうれしそうな様子ではなかった。

母の抑うつ的ともみえる様子を筆者は気にとめ、《お母さん、なんとなく身体が重そうですね》と母の気持ちを訊ねると、『子どもに八つ当たりばかりしているみたいで……夫が何も言ってくれないし、やってくれない。家族みんなで外出しようと思っても夫はまったくやろうとしない。夫は子どもが〔自分の〕言うことを聞いてくれないから嫌だという。そんな状態だからつい夫への不満を子どもに向けてしまう。夫は幼児期から両親に育てられたが、母親はとても仕事が忙しくてほとんどみてくれず、叔母に面倒をみてもらっていたらしい。親子四人で家族いっしょに食事をしたことは、いままでに数回しかないらしい。いつも家族はバラバラだったから、夫はそれを当たり前と思っているようだ』と、夫への不満を語りながらも、その一方では『結婚しても性生活への嫌悪感が強かった。でも、子どもができたことで、夫には感謝している』と、決して結婚生活そのものに否定的な気持ちではないことも語った。

Ｆ男がいつも決まったような遊び相手を要求をするために、母親はつい『またね』と嫌々そうな態度をとってしまう。そのことに筆者が《どことなく子どもの相手をするのが億劫みたいね》と述べると、『〔この子が〕舞い上がってしまうとそのまま〔その状態が〕止まらなくなってしまいやしないかと心配になってしまう。だから、いつもどこかで覚めた態度をとっていないと不安になる』と母親は語り、子どもとの遊びを通して一体感を体験することに強い戸惑いを持っていることが、このとき初めて語られた。

筆者のリードで母親とF男がいっしょに手遊びや椅子に乗って回転遊びをするなかで、F男は遊びを通して気持ちが高まり、思わず言葉を発する場面が多く見られるようになった。そんなF男の変化を見て母親も『一年前に比べたらずいぶん子どもと遊べるようになった』と、前向きに評価する言葉を語るようになった。しかしF男には「遊び相手をねだっても自分が拒否されるのではないか」という過剰なほどの敏感さは、いまだ残っているのが見て取れた［第一三回］。

F男の興味の対象は次第に広がるとともに、発語が盛んになってきた。しかし、診察室に飾られている花を見て指さしながら『ハ（花の意）、ハ』と懸命になって発語しようとしていると、母親は『ハ・ナといわんね』と、うまく話せないF男をついなじるような調子で対応してしまう。F男の姿を見ると、発達の遅れのみが強く印象に残り、F男のゆっくりながらも着実に成長している姿をともに喜びをもって受け止めることは、いまだ難しい様子であった［第一四回］。

第一五回〜第二一回［母親の抑うつからの回復］　母親はひどく落ち込み、涙を流しながら自分の不安を語った。母親がF男を通園施設に迎えに行っても自分のところに寄ってこないで他の母親のところに行ってしまう、と涙ながらに語り始めた。自分の方にではなく、他の母親のところに行ってしまう。買い物に連れていっても他の母親のところに行ってしまう。

自分がF男から見放されたような気持ちになってしまう、とF男が自分になついてこないことの辛さを語るが、面接室では、F男が母親に寄っていっても、母親はF男を突き放して『ひとりで遊びなさい』というだけで、F男の〝甘え〟を受け止めることができない状態であった。筆者は母親の気持ちに同情の念を示しながらも、なかなかうまく介入できないでいると、母親は『この子が私をこんなふうにさせている。原因はこの子なんです』とまで語るほどになった。こんな母の激しい感情表出に、F男はじっと母親を眺めながら、おどおどしたようにしてじっと佇むという、痛々しい親子の姿であった。母親は明らかに抑うつ状態を呈していたため、筆者は薬物療法を提案した。母の同意のもとで早速、三環系抗うつ薬を処方した［第一五回］。

抗うつ薬による傾眠傾向が増強し、母親は不安を訴えたため一週間で投与は中止された。ただ、前回に比べると母はずいぶん明るくなったのが印象的であった。そして母親みずから『この子がなにか求めてきたら相手をするようにこころ掛けている』と、前回とは打って変わって前向きな姿勢が感じられた。そのことを指摘すると、祖母からＦ男に薬をぜひ使うように強く勧められたという。しかし、母親は薬を使う気はまったくなかったし、夫に相談したら夫も同意してくれたという。このように、Ｆ男のことについて夫婦で話し合いをもって、祖母の意見に屈することなく夫婦で決断したことを、母親は誇らしそうに報告した。こんな母親の変化によって、Ｆ男が治療室から外を眺めながら『コーキ〔飛行機の意〕』と飛行機を指さしながら発していると、即座に母親も『飛行機だね』と、Ｆ男の意図がすぐにわかるのか、優しい口調で応答するという驚くべき変化を目にした［第一六回］。

Ｆ男の自己主張は目に見えてはっきりとし、母親と筆者に『〔ソファの方に〕キテ〔来てくれの意〕！』と言葉で意思表示するようになった。母親も次第にＦ男との遊びを楽しめるようになり、Ｆ男のことばにさまざまな意味があることに気づき、『ハ〔花〕』『カギ〔鍵〕』『キテ〔来て、……して〕』などと具体的に筆者に説明できるまでになってきた［第一七回］。

子どもの好ましい変化に、母も少しこころのゆとりが生まれ、『いままでこの子が〇歳、一歳、二歳、いつのときでも私はいつも同じようにＦ男の相手をしていたと思う。ただ世話をしていたみたい。どんなふうに相手をしてよいか、まったくわからなかった』と、これまでのＦ男への接し方について内省的に語るのだった［第一八回］。

Ｆ男は自己主張が強まり、遊び方も活動的になる。するとこれまでと違って、しつけ（衣服の着脱など）にも最初のうちはかならず抵抗を示すようになった。母は「Ｆ男の扱いがむずかしくなった」と嘆くようになったが、以前ほどの深刻さはみられなかった。Ｆ男が母親におんぶされていてはしゃいで反りくりかえり、勢いあまって床に頭を打つと、母親は即座にゆとりのある声で『いたい、いたいの、とんでゆけ』と、F男の痛みにうまく対応できるようになった。こんな母親の態度の変化を察知したのか、F男は椅子の上に登って足を上げていて窓の縁に身体を打ちつけたとき、さほどの痛みではなかったにもかかわらず、大げさに痛がり、慰めてもらおうと母親にすり寄った。母親はごく自然な態度で『どうしたの』と、F男の〝甘え〟を受け止めることができるようになった［第二〇回］。

第二二回〜第三四回［母親の洞察］　クリニックの受付の女性のところに寄っていくことが増え、それまでのように母親にべたべたまとわりつかなくなった。母親はそんなF男の変化に対して、以前のような不安を示すことはなく、『「どうしてこの子はわざとこちらの言うことをしないだろうか」と、いままで不思議に思っていた。いまは「そんなものなんだな」と思う。自分は「母親の言うことを聞いた方がいい」と思い、言われたらすぐにやっていた。でも、自分で大学に入って何でも自分でやらねばならなくなってから、とても困った』『だから、自分はいつもみんなにいい子だと思われるように振る舞っていた。でも、みんなから注目されるために、やせ症になったのだと思う。反抗するとか、わざとやらないといった行動は、どうも自分にはよくわからない。ピンとこない』と、自分の過去を内省するこころのゆとりが感じられるようになった［第二二回］。ただ、この頃、母親の遊びへの取り組みはずいぶんと積極的にはなったが、子どもといっしょに元気よく動き回っていても、母親は身体で反応することは少なく、そのため、動きに合わせて発声することによって母子交流が活発になるような母親のヴォーカル・マーカー *vocal marker*[38]がほとんど聞かれないことが目を引いた［第二四回］。

母親は次第に、子どもの相手をすることが苦痛になったのか、不安まじりに『子どもにはことばで話せばいいと思っていたから……身体を動かして遊ぶのは苦痛だ』と正直に、子どもと接する際の思いを語るのだった。《理想が高いところがあるんですね》と筆者が指摘すると、『確かにそうですね。親子ともにつらい思いをしてしまう。子どもをなかなか褒めることができない。どうしてもうまくできないのをみると、ついこの子は駄目だと思って失望してしまう。自分も〔母親に〕そう言われて育てられてきた』と、内省的に語るのだった【第二六回】。

さらには『子どもの動きをずっと見てしまう。何をしようとしているのかなと考えて見ているだけになってしまう』『どうしても、子どもと接するのは苦になる。以前は本当に嫌だった。だから、若い人たちと会っている方がいいと思っていた。でもいまは、それでも義務だからと思って、なんとか頑張らないといけないと思うようになった』『〔子どものときの体験でお母さんとのあいだで楽しかった思い出は〕ない。母に抱かれたような記憶はない。お父さん子だった。父母の仲が悪くてよく喧嘩していたので、親に接近するのが嫌だった。だから、ひとりでいるのが平気で、なんとも思わなかった……』と、自分の子ども時代と重ね合わせながら語るのだった【第二七回】。

こうして母との面接が深まっていくとともに、診察室での母子二人の遊びを続けていくうちに、母親も次第に『F男は以前より、物ごとがよくわかるようになってきたと思う。私はまだ自分からこの子に語りかけることが少ないが、こちらが何か言うと、それをまねしようとするようになった』と、少しずつ子どもの変化の手応えを感じ取れるようになり、言葉の理解力の伸びの手応えも自分から述べるまでになった【第三一回】。

F男が自分から椅子に坐りたがり回してくれと要求する仕草を示すと、母親は自分から椅子を回転してやるという、珍しく積極的に関わろうとする姿勢を示し、椅子を回転しながら、母の口から『それーー!』『ブーン』などとヴォーカル・マーカーが発せられるようになった。《今日はずいぶんと上手になりましたね。楽しそうにやれましたね。F男もいっしょになって楽しそう。いままではどことなく嫌々やっているという感じがしていたけどね》と、筆者が母親の行動を肯定的に評価すると、母親も『ずいぶんと楽になった。この子が何をしてもらいたいか、少しはわかるようになった。こちらの言うことがずいぶんわかるようになったことが大きい。そのため、あまりいろいろと考え込まなくなった。「くよくよしても始まらない」と思い始めた』『子どもと接するとき、何もしていないことに自分が気づいた。「何とかしてやらねば」「何か話しかけてやらねば」と考えるように努めている』と、子どもへの接し方についてなんらかの手応えを感じつつあることを語った〔第三三回〕。

第三五回〜第三九回〔母親の共感性の回復〕　F男の遊びが「物を操作することの楽しみ」に変化し、母親への要求も、よりはっきりとしてきたが、母親はF男を以前よりしっかりと受け止めるようになってきた〔第三五回〕。『自分の母親との関係も以前は怖かったが、いまではそれもよくなってきた。話もできるようになってずいぶんよい』と、子どもをしっかりと受け止めながら、自分も母親に対して臆することがなくなったことを、自信に満ちた態度で語るのだった〔第三六回〕。

これまでの治療経過を振り返って、母親はみずからの変化を『治療の開始時、「自分はこう思うから、子どももこうなくてはいけない」と思っていて、イライラして子どもを叱っていた。しかし現在は「こんな言い方はしたらいかん」とか、「こんなふうに言ったらこの子は嫌だろうな」と思うようになった』とまで語れるようになった。

F男がペンと紙をもって丸を描きたがっていると、母親がすぐに手を添えてやって丸を描いてやるという、これまでにないほどの母子交流に自然な感じがみられるようになった〔第三九回〕。

第四〇回〜第四三回〔子どもの成長と関係性の広がり〕　するとまもなく、劇的変化がみられた〔第四〇回〕。F男が母親に盛んに語りかけるようになった。紙飛行機遊びを看護師〔NS〕に誘われ、喜々とした反応。母親におんぶを要求して背負われながら、紙飛行機が飛ぶのを好奇心に満ち満ちた表情で眺め、身体全体で喜びを表す。飛んでいった紙飛行機を母親の背中から降りて取り上げ、NSに手渡し、再び母親の背中におんぶされる、といった遊びを繰り返す。NSに『おいで、やってごらん』と促されると、自分で飛ばして大喜び。母親、NS、筆者ともに思わず拍手をするなど、診察室全体が遊びの場と化した。

『自分は小さいとき、母親にわざと困らせるようなことをしなかった。この子はわざとする。だから厳しくしてしまう。どうしても要求水準が高い。理想が高いのでつい駄目だと思ってしまう。……でも確かに、以前に比べて（この子も）少し変わってきた』と、母親はＦ男と自分を積極的に評価した。

このようにして母子交流は望ましい方向に着実に進んでいることが確認できたことと、筆者の転勤のため、この回で治療は終結となった。全経過一年六ヶ月。なおその後は、障害福祉センターで療育を受けるようになった。

まとめ

この事例を担当したのは、筆者が本格的に母子臨床を開始する五年以上前のことであった。まだ明確に〝甘え〟の〈アンビヴァレンス〉に焦点を当てていないが、母親の思いを丁寧に訊いていくなかで母親の内面の変化は浮き彫りにされてきたのではないか。

このように母子臨床では、母子の関係変容に伴い、子どもの発達変容が目の前で展開する。これこそ〝関係発達臨床〟の重要なポイントである。「発達」というダイナミックな現象を目の当たりにすることができる。まさにこれこそ母子臨床の醍醐味である。

甘えてくる子に思わず遊びを促す母親

三歳一〇ヶ月　Ｇ男（精神科クリニック）

知的発達水準　軽度遅滞

主　訴　自閉症ではないか。どのように接したらよいか教えてほしい。

生育歴　周産期、特に異常はなく、満期正常分娩。母乳で育てたかったが、母乳が出なかったので人工栄養で育てた。乳幼児期早期、よく笑っている子だった。抱っこも好きでよく求めてきた。そのため当時は、母親として違和感を抱かなかった。しかし、一歳すぎてもことばが出ないことが少し気になり始めた。でも「いつかは出るだろう」と思っていた。

一歳半健診で、頭に布を置いたときに布を取り払うかどうかの検査を受けたら、G男は布を取り払わなかった。検査中ずっとなされるがままで、まったく抵抗を見せることはなかった。そのため「おかしいな」と一瞬、思った。しかし当時行きつけのホームドクターからは、大丈夫でしょうと言われた。

二歳過ぎても、名前を呼んでも振り返らないのが気になり始めた。しかし当時、姉の中学進学の受験で、母親は忙殺されていた。毎日、姉の塾への送迎をしたり、勉強の手伝いをしたりして、姉の受験勉強に心血を注いでいた。幸いG男はおとなしくて手がかからなかったので、それを良いことにしてあまりG男には手をかけなかった。二歳頃から、同じ年頃の子どもを怖がるようになった。さかんに同じことを繰り返すようになった。ことばの遅れも見られ、気に入ったせりふばかり口にする。要求はクレーン現象のみであった。

三歳、幼児教室に通い始めた。そこで担当者に「コミュニケーションがおかしい」と指摘された。母親はそれを聞いてたいへん驚いたが、そのときは半信半疑だった。しかし父親は、それ以前から気にしていた。そのため両親は、G男のことをめぐってよく言い争いをした。まもなく、子ども福祉センターに出かけたところ、そこで自閉症と診断された。早速、週一回の療育を受けるようになった。

三歳半、ことばが出始めたが、独り言で同じフレーズを繰り返すことが多く、会話にはならなかった。その後まもなく筆者の外来を受診した。

初診時の親子の関わり合いの特徴

家族そろって診察室に入ろうとすると、G男は少し嫌がり抵抗を見せた。初めての部屋で怖かったのであろうが、まもなく親といっしょに入室することはできた。診察室の雰囲気で少し落ち着き始めると、部屋に置かれた玩具を手当たり次第に手に取って扱い始める。すぐに母親の方に視線を向けて、顔色をうかがうようにして、手に取った玩具を扱うのをやめる。玩具の方に行ったかと思うと、すぐにソファに座っている母親の方に戻ってくる。そうかと思うと、すぐにまた母親から離れて玩具の方に行ってしまう。そして、再び母親の方に戻ってくる。このように、母親の方に近づいたかと思うとすぐに離れるという行動パターンをしばし繰り返していた。母親はソファに座ったまま遠くから、G男にさかんに指示的なことばを掛けていた。

[母親に対する強いアンビヴァレンス]　G男には「母親に対して構ってもらいたい（甘えたい）」という気持ちが強いことが、何度も母親の方に戻る行動に感じられたが、なぜか、母親に近づいてはすぐに離れてしまっていた。ここにG男の強いアンビヴァレンスが感じ取られたが、それを強めている要因のひとつに、母親のG男の行動に対する過敏な反応があると思われた。なぜなら、G男は母親に甘えたいという思いを持ちつつも、母親からの注意や指示の言葉がけによって突き放されるような感じを抱き、容易に近づけない状態にあったのであろうと思われたからである。

それでも、G男がさかんに母親の顔色をうかがう行動（母親参照といわれる行動）を見ていて、筆者はそれを、母親を頼りにしているサインとして肯定的にとらえることができた。さらには、G男の表情を見ていると、時に恥ずかしそうに、うれしそうに、そして嫌そうにしていることから、G男の気持ちがこちらに伝わりやすいことも感じ取り、そのことも母親に伝えた。ここで筆者はG男の気持ちの動きを代弁しながら母親に説明するように努めた。

G男は筆者のそばにもよく接近するが、こちらが抱きかかえようとすると、激しく拒否して、身体を固くして抵抗を見せた。それでも何度か試みているうちに、G男の身体は次第に柔らかくなり、抵抗は薄れていく手ごたえを感じた。しばらくは、先ほどの母親に対して見せたように、筆者の方に接近しては離れることを繰り返していた。

両親との話に熱が入っていたときであった。G男はひとつの小さな積み木を手に持って、父親の頭にそれを乗せようとしたのであろうか、父親の方に近づいていった。母親はそれを見てすぐに『だめでしょ！』

と強い調子でＧ男に注意した。母親はＧ男の一挙手一投足に対して、他人様に迷惑をかけないかととても過敏になっていたのであろう。Ｇ男の行動すべてにわたり、否定的に受け止めやすい状態になっていた。母親はこの一年間、姉の世話ばかりしていて、Ｇ男を放っておいたことに強い罪悪感を持っていることも語られた。「自分の育て方が悪かったから、Ｇ男がこうなったのではないか」と自分を責める気持ちが強いことが感じられたのである。

［筆者の助言］　そこで筆者は以下のように両親に助言した。

まずは、Ｇ男が母親の方に近づいては離れていくことを繰り返す行動の意味を、「Ｇ男には母親に対して構ってもらいたい気持ちがとても強いが、いざ近づくとなぜか不安緊張が高まり、離れていく気持ちになっているのではないか」と説明し、いまのＧ男には母親に対する強いアンビヴァレンスがはたらいていることを述べた。その際、母親に対する強い思いを肯定的にとりあげ、強調しておいた。

ついで、両親にはＧ男を「自閉症だから〜だ」と一般の自閉症理解に当て嵌めるような、教条的で固定的なイメージを持たないように述べるとともに、Ｇ男のいろいろな行動が彼のどのようなこころの動きを反映しているのか、じっくり見ていくことが大切だと付け加えた。そして、母親には、Ｇ男の気になる行動に対して、指示的な言動を極力減らすようにと助言した。

第二回〜第三回　母親は子ども二人の世話で、かなり強い疲労感を訴えていた。そのため、容易には母親の苛立ちは軽減しなかった。そのためであろうか、Ｇ男は、母親に相手をしてほしそうな動きを見せるのだが、表立っては相手を要求しない。ひとりで玩具を前にして、手を出してはすぐにその手を引こうとするなど、玩具を扱うことにもためらう気持ちが強く感じられた。そうしたＧ男の行動が母親のいらだちをさらに強める、という負の循環が二人のあいだをさらに難しいものにしていた。しかし筆者は、そのことをここでことさらとりあげることは控えた。母親の自責感を強めるだけだと思われたからである。母親の疲労感をいかにして緩和するかということにこころを砕いた。
スタッフがG男の相手をして遊んでいたが、途中から母親が加わっていっしょに遊び始めると、先ほどまでのびのびと遊んでいたにもかかわらず、急に落ち着かなくなり、動き回るようになる。何をしても手につかない感じで、いつまでも部屋中を動き回り、どこか取りつく島がない状態である。G男は、何かしようとするとすぐに他のことが気になり、気移りする。そしてまた他のことへ……そんな繰り返しで、いつまでも落ち着かない状態にあった。頭の中がいつも騒々しい感じである。このような状態にあっては、G男が自発的に何かをすることはとても難しく、集中できないと思われた。

第四回（一ヶ月後） G男が同じ遊びを繰り返しているると、母親はそれをじっと見ているのがつらいため、つい、G男を他の遊びに誘ってもっと楽しませてやりたくなっていた。たとえば、G男がクルクルスロープに丸い球を転がして回転するのを夢中になって見ている。すると、母親は他の遊びをさせてくなって、赤い丸い球を手に取って『これきれいよ、これやってみようか』と勧める。G男はすぐに『いや！』と拒否するが、それでも母親は繰り返しそれを勧めていた。ついにG男は折れて、それを手に持つが、いかにも嫌そうに『きれい！』と発している。G男は球がくるくる回って動いている様に関心が引き寄せられていると思われたが、母親には同じことの繰り返しにしかみえなかったのであろう。そのため他の色の球を見せては他の遊びを勧めたくなっていたのである。

［母親の見捨てられ不安］ このように、G男が遊んでいることに母親が口を挟むと、それがG男の遊びの流れに沿っていないために、G男は拒否的反応を示している。それにもかかわらず母親が自分の方にG男を誘いたくなるのは、母親自身が、そこで自分を拒否される不安、つまりは見捨てられ不安を刺激されていたためではないかと思われるのである。
そんな母親の干渉に対して、G男は回避的になり、同じことを繰り返す遊びの世界に逃避することで自

分を守ろうとしているようにみえた。このような母親の「先取り的関与」がＧ男の注意散漫を引き起こし、他の物への気移りを結果的に引き起こしていると考えられたのである。

［筆者の助言］　そこで筆者は以下のように母親に助言した。

「自分の方から子どもに何かをさせなければ」という思いが強いようだが、そのような気持ちを持たなくてもいいこと。「なにかしなければ」という思いを解き放ち、手を抜くことが大切であること。そして《Ｇ男の行動の意味をいっしょに理解するように、こころ掛けていきましょう》と述べておいた。Ｇ男の繰り返し行動は、単に同じことの繰り返しではなく、そのなかで微妙に変化する感じを楽しんでいるという肯定的な意味があることを説明し、子どもの行動をしばらくは見守りながら付き合い、彼が何をどのように楽しんでいるのか、じっくりとつきあいながら見ていきましょうと伝えた。

第五回　母親の肩の力が少しずつ抜けてきた。そのためであろうか、自分のこころの内や家族の心配事などを筆者に自分から話すようになった。以前はドキドキしていて、いつも誰かいっしょにいてくれないとこころ細い感じがあった。そんなときには家事に集中することによって忘れるようにしていた。家事に入るまでの何もしない時間がいちばん嫌いだという。

さらには、自分の母親（Ｇ男の祖母）が具合悪いので心配なこと、そして父親についても、思い出話が語られ始めた。父親はとても周囲に気遣う人で、いつもぴりぴりしていた。父親が自分のそばに来るだけで緊張していた。背筋をいつも伸ばしていないといけないような人だった。大好きだけど、母親がいっしょにいて初めてゆったりできた。ゴミひとつでも落ちていると気にしていた。印象深い思い出として以下のような話が語られた。

［母親の子ども時代が想起される］　両親と私、三人で旅行したときはまるで「強化合宿」みたいだった。予定どおり

の行動をするように、いつも急かされていた。周囲の人への気遣いからではあったが、つねに「他人に迷惑がかかるから、早くしなさい」と急かされていた。もちろん、私たちのためによくやってくれていたと思う。父親は家族思いだが、周りの人たちに気を遣い、旅行のときには予定をびっしりと決めて出かけ、少しでも予定に遅れそうになると、私たちを急かしていた。だから私たちにとって家族旅行は「強化合宿」のようなものだった。ゆったりとリラックスして楽しむようなものではなかった。父親がいると背筋を伸ばしていないといけないようで、いつもぴりぴりしていたというのである。

これまで筆者は、母親とのあいだで、G男に関わる際の母親自身の気持ちを常にとりあげて確認してきた。母親はG男の行動を見ているとなぜか急かしたくなる自分の気持ちに気づくことによって、このような思い出が想起されていったのである。このような思い出話から、（G男の）母親自身も親に対して〝甘え〟をめぐる〈アンビヴァレンス〉の強い子ども時代を過ごしたことが、明らかになってきたのである。

第六回（二ヶ月後）　母親に少しずつ、落ち着きが感じられるようになってきた。第四回で筆者に「ゆったりと構えて、自分から積極的にはたらきかける必要はない」と言われたことが救いとなっている、ということが語られた。このように母親には、自分の内面を振り返ろうとする内省的態度が生まれつつあった。

そこで筆者は、母親に次のようなことを考えてもらった。G男の遊びを見ていて、動き、テンポをどう感じるか訊ねた。すると「慌ただしい」「せかせかした感じ」と答えるとともに、母親自身も慌ただしくて飽きやすいことをみずから気づいて語るようになった。自分もそうだということに気づいたのである。そこで、筆者はG男のいまの状態を見ていると「急き立てられる感じで」「（自分が）なにかに動かされているように感じられる」と母親に伝えることで、母親にもいまの自分の生活が時間に追われて、毎日慌ただしく、急かされるような感じであることに目を向けてもらった。母子双方の慌ただしい感じが、両者間で負の循環を生んでいることに、気づいてもらうことがねらいだった。

このような説明は、母親にはとても納得のいくものであったようで、治療開始当初の自責感は薄らぎ、筆者の助言を前向きに受け止めていた。

第七回　以前、母親はＧ男の言動の意味がまったくわからず、注意ばかりしていたが、この頃にはＧ男の言動の意味が少しずつわかるようになってきたことを、新しい発見をしたようにうれしそうに日記に書いてきて筆者に見せてくれた。そこには次のようなエピソードが綴られていた。

二人で外出していたときだった。Ｇ男がさかんに母親に何か言っているのだが、それがわからなくてどうしてよいか困っていた。先日から『お弁当屋さん、丸くなった』と、さかんに私に言っていたことを思い出した。即座にはわからなかったが、その店の看板が変わっていることに気づき、その看板が丸くなっていたというのである。Ｇ男はそのことを自分に伝えたかったのだとそのとき初めて気づいた。それが母親にもわかり、とてもうれしくなった。Ｇ男にそのことを言うと、にっこりしてうれしそうに反応したというのである。

［母子ふたりの世界］　このような感動的なエピソードを、まるで子どものように、素直に、うれしそうに筆者に報告する母親の態度がとても印象的であった。このことが契機となって、母親もＧ男に合わせて遊びに参加しようとする、積極的な姿勢が見られ始めた。

ぎこちないながらも、母親は子どもの動きに少しずつ合わせるようになっていった。Ｇ男はそんな母親の関与がうれしくて仕方ない様子である。母親と筆者が話し始めると、ふたりのあいだに割って入り、母親を自分の方に引っ張って、母親と二人ボールテントの中に入って遊び始めた。周囲から守られたいちばん安心できる場所に、母親といっしょに入って遊んでいるのである。

筆者が母親と話をしていると、筆者の足をさり気なく踏んで去っていく。筆者に対する親近感と怒りの感情をこのようなさり気ない行動で示していることに、筆者はＧ男の繊細な気持ちを微笑ましく感じ取り、それを母親に語ることによって、母親もＧ男の何気ない行動の背後にいかにＧ男の気持ちが反映しているか、次第に気づくようになっていった。

第八回～第九回（三ヶ月後） 母親の口から、先日家族で旅行に出かけたときのエピソードが語られた。旅館に行くまでの道中、坂道が長かったが、最初G男は元気よく『ある〔歩〕く！』と宣言して張り切っていた。しかし次第に疲れてきたのか、抱っこを要求してきた。母親は『さっき自分で歩くと言ったでしょ』と励ましたときだった。G男は穏やかで甘えた口調で『大きな船はタグボートを運ぶ！』と要求したというのである。『タグボート〔自分〕は大きな船〔父親〕が運んでくれる！』と言いたかったのだろうと母親はすぐにわかり、父親が抱っこをしてくれて、無事、目的地に到着することができたというのである。

　このようなエピソードを語るとき、母親はG男の気持ちが理解できたことを心底喜んでいるのが、ひしひしと伝わるのだった。

【甘えてくるG男に思わず遊びを誘う母親】 この回のセッションでの一場面である。

　スタッフとG男が遊んでいた。すると突然、G男が母親の方に接近して、頭を膝の上に突っ込むようにして飛び込んできた。そのときすぐさま母親は、G男を抱いてやったが、まもなく、遊戯室の左奥にぶら下がっていたサンドバック（ボクシング用）が目に入ったのか、母親は急にG男に向かって『あれ〔サンドバック〕にバン！　と叩いてきて！』と、はたらきかけた。そしてG男はすぐさま、母親の言われたように、サンドバックの方に行って、叩いたのである。

　このとき筆者はとても驚いた。G男は（アンビバレントながらも）母親に甘えて接近してきたのである。たしかに、母親は一時G男を受け入れたのであるが、すぐさまG男を他の遊びに誘うことで、彼の関心を他のことに引き寄せようとしたのである。なぜこのような行動が咄嗟に現れたのか、そのことをすぐにその場でとりあげ、いっしょに考えることにした。なぜなら、G男がせっかく母親を求めて接近し、勢いよく抱きついてきたのである。それにもかかわらずなぜ母親は、G男の気持ち（甘え）をしっかりと受け止めることができなかったか、そのことを問題にしたかったのである。

するとすぐに、母親は以下のことを語り始めた。自分の父親が仕事人間で休みなく働いていた。そんな人だから、自分がのんびり何もしないでいるということは耐えられないのだろう。自分もそんな父親の影響を受けている。ついこのような対応をしてしまうのはそのためだろうというのである。このときの母親は、深く感じ入ったようで、しみじみとした語りには、筆者のこころにも深く響いてくるものがあった。

このようなエピソードを重ねることによって、母親は、G男の日頃の言動の意味を感じ取ることが容易になるとともに、そのことをG男に伝えることで、二人の関係は急速に深まっていった。それは見ていてとても微笑ましい光景に映った。毎回、筆者に届けてくれる日記には、日頃の何気ない出来事のなかでのうれしい発見が楽しそうな文面で綴られていた。

まとめ

常に筆者がこころ掛けていることは、子どもの行動を「病的なものか否か」といった視点から捉えるのではなく、「その行動の背後にはたらいている気持ち」に焦点を当てて考えていくことである。子どもはなぜそのような行動を取ったのか、その動因（動機）に着目し、その意味を考えていこうというものである。

その際、とりわけ重要だと思うのは、日頃の何気ない言動の背後にはたらいているものに着目するということである。なぜならそれらの言動には、その人の歴史が深く反映しているからである。このことは養育者を初めとしたわれわれ自身にとってとりわけ重要な意味を持っている。

よって、いま目の前で展開している親子関係の様相をつぶさに観察するとともに、「そこには、養育者自身のこれまでの歴史がさまざまなかたちで反映している」ということにも気づく必要がある。なぜなら、いま子どもの相手をしている養育者自身も、常に子ども時代の自分を重ね合わせながら生きているからである。

第三章　学童期（小学生）

母親に抱きついては噛みつく男児

一〇歳七ヶ月（小学四年、特別支援学校）Ｈ男（精神科病院外来）

知的発達水準　中等度遅滞

主　訴　何でも口に入れる、母親に抱きついては噛みつく。

家族背景　両親とＨ男、四歳上の兄の四人家族。近くに母方祖父母が住んでいる。父親は会社員、母親は週数日のパート勤務。両親同伴での受診である。

生 育 歴　胎生期は特に異常もなく、満期正常分娩。一歳八ヶ月、先天性心疾患のために根治術（人工心肺下）を受けたが、その際、低酸素脳症を発症。その後遺症のため、右優位の四肢麻痺と重度の知的障碍が残った。二歳一一ヶ月頃よりてんかん発作が出現した。近くの大学病院で治療を受けたが、今日まで発作のコントロールは困難で、いまでも一日に数回発作が起こる。

全身のけいれん、時には意識消失のみの発作があり、目が離せない。歩いていてもいつ発作が起こるかわからないため、母親はいつもそばにいないといけない状態であるが、最近になって、そばにいる母親に強く抱きついては母親の頭に噛みつくようになった。母親が突き放すと、かえって面白がり、ますます同じことを繰り返し、次第に噛みつきがエスカレートするようになった。母親はいつ噛みつかれるかもわからず、Ｈ

男が抱きつきにくると、身を硬くして戦々恐々としてしまう。H男はいらいらしていることが多く、突然物を投げつけることもある。動きも活発になり、危険な行動をとるため、母親はどうしてもH男の行動を制止してしまう。このように母子関係も悪循環を呈している。

夜もなかなか眠らず、布団を離れてはジュースを要求することが多い。一度眠ってもすぐに覚醒する。そのため、母親の疲労とストレスは極限状態に達している。最近では精神衛生のために、日中はヘルパーをつけ、母親はパート勤務で気分転換を図っているという。H男は、睡眠不足が発作を誘発し、学校では寝てしまうことが多い。このように、H男の状態も悪循環に拍車がかかっているため、大学病院からの紹介で当院受診となった。

つい最近まで、発作は就寝時のみであったが、昨年四月に主治医が交代し、まもなく昼間も発作が起こるようになった。以来、薬物の変更が試みられたが、その頃より子ども返りが始まり、母親に抱きつくようになったという。

もともと人懐っこい性格で、おとなしくて親の言うことをよく聞くいい子だったが、昨年春頃から人が変わったように、非常に手がかかるようになった。自我が芽生えたのか、自分からの要求が増え、受け入れられないと駄々をこねて寝転がってはかんしゃくを起こすという。

初診時の状態

小学校四年生になった頃から、生活上さまざまな変化が起こっている。主治医の交代、てんかん発作が寝る前だけであったのが、昼間も起きるようになったこと、発作の増強のために土曜日のヘルパーが増員されたこと、学童保育の日数が土曜日の隔週から毎週に増えたこと。母親が仕事を開始したことなどである。

このような生活上の変化とH男が前思春期に入ったことなどが相まって、心身に混乱状態をもたらしていることが想像できたが、それはいまの母子関係に強く反映されていた。いつ発作が起こるかわからないために母親がいつもＨ男のそばにいるようになったことで、Ｈ男の子ども返り（退行）が誘発されるようになったことである。そのために母親に抱きつくようになっているのだが、母親に噛みつくために、母親は思わず身を硬くして突き放してしまう。するとＨ男はこころ細くなって母親にしがみつこうとする。そんな悪循環が母子関係に生まれている。ここに「甘えのアンビヴァレンス」が起こっていることは容易に見て取れた。

初診時、Ｈ男は発作直後で意識ももうろうとしていたが、ふらふらした状態でも、母親に盛んに抱きつこうとする。そして思わず反射的とも思えるように、母親の頭に噛みついている。そのときの母親の形相は恐怖に怯えていて、全身に強い緊張が走っているのがよくわかり、こちらも見ているのがつらいほどである。母親は以前から重症のアレルギー疾患や高血圧などを抱えていて、心身の疲労は極限状態に達していると思われる。

父親は穏やかな印象を受け、表向きはＨ男に優しく接しており、母親にも協力的な態度であった。

Ｈ男のアンビヴァレンスと衝動性の亢進に対して少量の抗精神病薬ハロペリドールを処方（1.5mg/day）するとともに、まずは母親の疲弊状態に対してしっかりサポートすることが先決であると思われた。

面接のなかで、Ｈ男の脳障碍が心疾患の手術の後遺症であることに対する両親、とりわけ母親の罪悪感がとても強いことが感じられたが、ここではそのことを特に大きくとりあげることは控えた。治療は原則、週一回とした。

第二回〜第四回［睡眠の改善］　一週間後、抗精神病薬により、Ｈ男は熟睡するようになった。機嫌も良いことが多くなり、食欲も旺盛になった。それとともに、情緒的にはめそめそしたり、怒りっぽくなった。遊戯室ではふらふらしながらも盛んに動き回るようになり、そばにいたスタッフに無差別に抱きつくなど、Ｈ男の人懐っこさを彷彿とさせたが、周りの大人に対する態度を見ると、誰彼の区別なく接しており、何をやりたいのか、何をしてほしいのか判然とせず、Ｈ男のこころの世界は漠としているのが特徴的であった。そこで筆者は、両親に以下のように助言した。

Ｈ男のいまの心理状態は退行していて、「甘えたい」という気持ちがとても強いが、周囲の大人の区別もつかないくらいに、漠然とした状態にある。そのため、言葉で言い聞かせようとしても無理なので、言葉で指示するようなことは極力控えてほしい。できれば、Ｈ男が何をしてほしいのか、どんな気持ちなのか、そうしたことを理解するように努めて欲しい。ただ、母子関係には悪循環が生まれているので、母親の精神状態が回復することがなにより大切なので、筆者がしっかりサポートすることを伝えた。

両親はＨ男が子ども返りしていることを少しずつ理解するようになっていたが、どうしても、Ｈ男に対して注意や叱咤が多いこと、特に夕方の忙しいときに目が離せないためにひどく疲れることが語られていた。

【厳しい口調でつい注意をしてしまう父親の心情】　治療が終わって帰るとき、Ｈ男が靴を自分で履こうとせず、母親の手を煩わせているのを見た父親は、厳しい口調で『靴、（自分で）履かなきゃ駄目でしょ！』と叱りつけていたが、Ｈ男は表情ひとつ変えず、まるで父親の言うことを聞いていないかのようであった。いまのＨ男の状態に対して、父親が抱いている複雑な心境を垣間見る思いだった。

第五回～第六回（初診から一ヶ月後）**【Ｈ男の遊びの意図を感じ取れず、注意する母親】**　情緒的には安定してきた。遊戯室で親子ともどもいっしょに過ごしているが、Ｈ男はいつものように、ふらふらとした足取りで部屋の中を歩き回っている。両親はその様子を見ながら、どのように相手をしてよいか困惑し、所在なげにしている。そんななかで、Ｈ男は手押し車に乗って、運転手になり、足を使って車を動かし始めた。ぎこちない姿勢と足取りのため、車に乗ったまま、倒れそうになるが、Ｈ男はかえってそれを楽しんでいる様子で、何度も動かすうちに、次第にわざとらしく、大げさに倒れそうになった。つき合っていたスタッフが『ああ、びっくりした！』と驚いてみせると、Ｈ男は『びっくりしない！』と強い口調で言い返している。そんなところにも、Ｈ男が意図的にこのような行動をとっていることがうかがわれたが、両親は、すぐにこのような遊びをやめさせようとするばかりであった。こんなところにも、日頃のＨ男の行動に対して、何でも禁止したり注意したりするばかりの関わりであることを彷彿とさせた。両親にとってＨ男の遊びの意図を感じ取ることは、いまだ難しいことがみてとれた。
何でもすぐに口に持って行くことは相変わらずであったが、母親への噛みつきが減ってきたことが報告された。

第七回～第九回【H男に噛みつかれた母親のトラウマ】　これまで、周りにいる人であれば誰彼関係なくすぐに抱きついていたが、一ヶ月ほど経過した頃から、母親に集中して抱きつくようになった。これは母親への〝甘え〟が強まってきたことが感じ取れた。しかし遊戯室では、H男が近づくと、母親の表情には思わず緊張が走り、怯えているのが、手に取るようにわかった。H男に抱きつかれるとすぐに母親は、周りの玩具の方に気を逸らさせて、なにかで遊ばせようとしていた。ここに母親の〈アンビヴァレンス〉が如実に反映していたが、これまで散々、H男に噛みつかれてきたことが、母親にトラウマとして強く残っているためであろうと思われた。そうしたことをさり気なく母親に印象として述べて、母親の苦労を思いやった。

【H男の顔つきがしっかりしてきた】　二ヶ月ほど経つと、初期の頃の呆然とした顔つきもしっかりしてきて、こちらに向ける視線も、焦点が合うようになった。気に入った手押し車に乗ってクラクションを鳴らす様子を見て、助手がその音に合わせて『ブップー』と声を掛けると、にやっと控えめに笑っている。その後、ビニールボールがたくさん入った箱を引っくり返して、箱の中を覗いてボールを揺らして楽しんでいる。いろいろな感覚刺激を楽しんでいることがうかがわれたが、いまの両親にはそうしたH男の遊び感覚につき合えるほど、こころのゆとりはまだないと思われ、あえてそのことはここでは触れないことにした。

【手術のときの親子の別れから時間が止まっている】　助手がH男の遊びに相手をしているあいだ、筆者は両親と面接をしていたが、父親からH男の一歳八ヶ月のときの話が語られた。心臓手術のために手術室に入るとき、母親は抱いていたH男を執刀医に引き渡したが、そのとき、H男はこちらをじっと見ていた。そして、母親と引き離されたことに反応してこころ細い表情を浮かべていた。そのときの視線がいまでも忘れられないという。それ以来、時間がストップしてしまったようだと言うのである。この手術の後遺症で重度の知的障碍と難治性のてんかんが起こってしまったわけであるから、両親の罪悪感、自責感は想像のつかないほど、大きなものであることが想像できた。そのため、このときの筆者は、ただ黙って聞いていた。

〔遊びの意図も掴みやすくなってきた〕　これまではH男はいつも漠とした感じで遊んでおり、何をどうしたいのか、付き合っていても非常にわかりにくい状態であったが、この頃には歩行もしっかりしてきて、ボールに乗って、それを触ったり、鉄砲を打ったときの音の感触を楽しむなど、感覚遊びを楽しんでいる様子が非常にわかりやすいかたちで感じ取れるようになってきた。

〔スタッフに抱きつく不自然な姿勢〕　遊びに付き合っているスタッフによく抱きつきにくるが、そのときの姿勢は、上半身の両腕を助手の身体にしがみつくようにする。しかし、下半身の両足は折り曲げていて、まるで助手の身体に直接触れるのを避けるようにしていた。こうしたところにH男の〈アンビヴァレンス〉がいまだ強く認められた。

第一〇回〜第一一回（四ヶ月）**〔うつ状態の母親への治療を提案〕**　母親の体調がいまだ思わしくないことが容易に見て取れたので、具体的に聞いていくと、重症の杉花粉症、高血圧、腎臓病など、いくつもの重い病気を抱えていることがわかったが、それとともに、心理的にもあきらかにうつ状態であることがみてとれた。そこで筆者は、母親が健康を少しでも取り戻すことが母子関係の改善には不可欠であることを丁寧に説明し、母親にも、うつ病の治療を平行して実施することを提案した。すると母親は、素直に受け入れたため、治療を開始し抗うつ剤を少量処方した。

〔抱きついてきた子どもを思わず遊びに誘う母親〕　H男は遊んでいても急に思い立ったようにして、母親の方に接近して抱きつこうとする。すると、すぐさま母親は『ほら、〜で遊んだら』と遊びに誘って、自分から結果的に、H男を突き放してしまっている。それを見ていた父親も、H男が垂らしていた涎をすぐに拭いてやっては『噛んだら駄目だぞ！』と厳しく注意している。すると、ためらっていたH男は、母親を噛みつき始めていた。このように父親に禁止されると、逆にますます噛みつこうとする。そうした悪循環を両親に指摘すると、これまで母親はＨ男に抱きつかれては噛みつかれ、恐怖でパニックを起こすこともあり、父親もそれを見て何とか助けようと試みてきたというのであった。

あまりにも凄まじい親子関係の悪循環に拍車がかかっていたことが、はっきりと浮かび上がってきた。

［次第に自然に抱きつくようになる］ 助手に抱きつくときの視線は、数回前までとても不自然であったが、次第に身体を密着するようにして、べったりと抱きつくようになってきた。こんなところからも、Ｈ男の〈アンビヴァレンス〉が緩んできていることを感じさせた。

［母親への噛みつきも減少］ 母親のＨ男に対する警戒的な構えはかなり緩んできたことが感じられたが、それに呼応するようにして、Ｈ男は母親に抱きつきにいっても、噛みつくことがほとんどなくなってきた。Ｈ男は口を母親に近付けて、キスをするような仕草をさかんにするようになった。

第一二回～第一三回（五ヶ月）［さまざまな情緒的反応を見せるようになってきた］ Ｈ男は自宅で箪笥から自分の靴下を次々に出そうとする。それを見た母親が注意して『駄目だ』というと、泣くようになったという。台所に行こうとするので、『いまは駄目』と言ってもすぐに泣くようになった。自分で何かをやりたそうにしているのに、母親から禁止されて悔し泣きしているようにみえる。『いやだ！　いやだ！』『ちがう！』と盛んに自己主張するようになってきたともいう。ＤＶＤを見たがっているので、これと思ったものを映してやると、気に入らずに『違う』と訴える。好き嫌いをしっかりと訴えるようになってきた。それまでの漠としていた様子からは想像もつかないほどにしっかりと自己主張するようになってきた。

このような自己主張と並行して、母親への抱きつきと噛みつきもみるみる減ってきた。

［プールでのエピソード］ プールが好きで、毎週のように出かけていたが、これまでは水の中に潜るのを非常に嫌がっていた。少しでも顔が濡れるとスイミングキャップを取ってすぐに拭くほどであった。

しかし、先日プールに行ったときは、Ｈ男の様子がいつもと違っていることに指導員が気づいて、錘のバトンを水中にわざと落として沈め、Ｈ男の足元に置いてみた。するとＨ男は、自分から水の中に顔をつけて潜りだし、そのバトンを自分で取った。顔が水に濡れるのをまったく嫌がらなかった。さらにビート板を使って泳ぎだし、足をバタバタと動かし始めたという。

好奇心が高まるにつれ、それまでの水に対する怯えが影を潜めてきたことがうかがわれるエピソードである。以来、プールに入るのを怖がらなくなり、待ち遠しくて仕方がないのか、プールに行くと、すぐに水の中に入りたがるようになった。

［母親も生気を取り戻してきた］　H男の抱きつきと噛みつきが影を潜めてからは、母親の生気も回復するとともに、H男の自己主張が明瞭になってきた。自分で欲しいもの、嫌なものの区別がはっきりしてきた。そのため、目を離すと、自分からいろいろと探索行動をとるようになってきた。

時にH男が母親に抱きついてきて髪を掴むと、母親は泣いた真似をして『どうしたの』と穏やかに反応することができるようになり、するとすぐにH男は手を緩めるようになった。母親の恐怖心も少しずつ減少していることがうかがわれた。

第一四回〜第一五回（五ヶ月）**［ことばでの要求とその意味］**　ことばでの要求が増えてきた。先日以来プールが気に入り、毎日のように『プール！』と盛んに要求するようになった。母親は執拗な要求に困り果て、頭ごなしに駄目だと拒否するばかりになった。そうした母親の様子を見ていて、そばにいた祖母が『それじゃ、風呂にいれてみたら』と助言してくれた。母親が早速風呂に入れてやると、喜んで遊んでいた。

H男の『プール（に行きたい）』という要求のことばを母親は文字どおりに受け止めて対応していたが、祖母がことばの裏に隠されたH男の思いを敏感に察したため、事態が好転したことを示すエピソードである。いまの母親にはH男のことばを字義的に受け止めすぎてしまい、ことばの裏で何を求めているのかを推測するというゆとりのなさが、ここにもうかがえるのであった。

［ぐずって駄々をこねるようになった］　朝、スクールバスに乗って登校するとき、昼間、ヘルパーと外出するときなどに、家を出るまではいつものように張り切っているのに、いざ母親と別れる段になると、急にぐずって

めそめそするようになった。ちょうど駄々をこねる幼な子のようになってきた。しかし、このようなH男の変化は、いまのようなゆとりのない母親にとっては堪え難いものもあるようで、つい厳しく接するという。このような変化は、これまでの経過を考えると、肯定的に受け止める必要性を感じる筆者ではあったが、母親にはあまりにも負担が大きすぎるのであろう、なかなか前向きには受け止めがたいところがあるのが正直なところであった。

〔止まっていた親子の時間が流れ始めている〕 ただ、ここで筆者は両親にぜひとも思い起こしてほしかったことを丁寧にとりあげた。それは、一歳八ヶ月で手術を受けた際のH男が、母親と別れて手術室に入った光景から時間が止まったように感じていると、父親みずから語っていたことであった。今回受診となった契機が、H男の母親への甘えの気持ちが前思春期に差し掛かって急速に強まってきたことを考えると、いまの母子関係の変化は、一歳八ヶ月から止まっていた親子の時間が再び流れ始めたことを示している。そのように考えると、この事態は母子関係を修復する絶好の機会であると思われたからである。

まとめ

いまだ予断を許さない緊迫した状況が続いていた。しかし、筆者の転勤のため治療は継続困難となった。今後、H男の身体がますます大きくなり再び不安定になったときのことを想像すると、近い将来さまざまな困難が予測された。しっかりとしたサポート体制をつくって、なんとか両親がこの事態を乗り越えてくれればと願うばかりである。

子どもの悲しみを感じ取れない母親

一〇歳（小学五年）　Ｊ男（精神科クリニック）

知的発達水準　正常

主　訴　抜毛

家族構成　会社員の父親と専業主婦の母親と、弟の四人家族。父方祖父は農家の長男で公務員、生真面目で禁欲的な人だった。父親は祖父への反発が強かったが、いまでは関係も良好という。父親は子どもに厳格。

母方祖父は六人同胞の次男であったが、長男が幼くして死亡し、下の弟と本人の二人のみ生存。早くから新聞配達をするなど苦労して育ったが、苦労話は母親にほとんど話したことはない。高校卒業後、勤労学生で大学を卒業し、新聞記者としてかなりの名を成した人である。戦時中は特攻隊に入隊していたが、出撃の数日前に終戦を迎えたという波瀾の人生を送ってきた人でもある。

母方祖母は七人同胞の末っ子（五人は男性）で、非常な自信家で、多才な能力の持ち主であったが、家庭的な面はきわめて乏しい人であった。育て方もかなり厳しかったという。二年前の冬（小学三年の二学期末）、一家はのんびりした南国から日本海側の大都市Ｆ市に転居。郊外に母親の実家があり、祖母は健在である。家族および親族に精神疾患の発現はない。

生育歴　Ｊ男は在胎三六週の早産で出生。生下時体重二、五〇〇グラム。吸引分娩で、臍帯巻絡、仮死などの明らかな周産期障碍があった。母乳で育ったが、乳を飲まないときでもよく母親の乳房をしゃぶっていた。身体運動発達は全般的に少し遅れ、始歩一歳四ヶ月。よく転ぶ子どもだった。運動は苦手で、図鑑などを好んで読んでいた。しかし、言葉の発達は早かった。幼児期、他児との接触は避けて一人で過ごしがちであった。夜尿が小学校低学年まで断続的ながら続き、爪かみは現在も続いている。

母親に甘えも示さず従順で大人しい子という印象であった。そのためＪ男の気持ちがつかめず、母親はイライラすることが多かったという。しかし、こうした面は自分にとても似ているとも思っていたという。J男は几帳面で強迫的な面をもちながらも整頓は下手でよく注意されていた。苦手な運動とは裏腹に、幼児期からこましゃくれていて大人顔負けのことを盛んにいっては周囲の大人を感心させていた。南国での小学校二年間はとても楽しかったという。

特に誘因があったか判然としないが、三年の頃から抜毛が出現してきた。夏休みになるとひどく、親の干渉の度合いが高まったことが関係していたと母親は推測している。

その年の冬、南国からF市の小学校に転校。都会的な慌ただしい学校の雰囲気になじめず、抜毛は酷くなっていった。学校で一人になりたいと思っても周囲の子どもがいろいろと話しかけてくるので、それを拒否すると、反発を受けて殴られたりするらしく、よく保健室に逃げ込むようになった。そこで、事態を心配した保健室の養護教諭のすすめで、母親同伴での来院となった。初診は小学五年時の夏の終わりであった。

初診時の状態

J男は年齢に比べて小柄。弟の方が活発でたくましくみえる。抜毛の他に特記すべきこととして、身振りがやや拙劣で不器用さを認めるとともに、母子ともにやや抑うつ的であること、筆者はハンマーを手にして膝蓋腱反射をみようとすると「打診法をするんですね」とすぐに反応するなど、身体面の未熟さとは裏腹に、話す内容や話し方は大人びていていた。第二次性徴の発来は未だで、子どもらしいあどけなさが残っていた。知能検査（ウエクスラー式）では全IQ120と優れていたが、動作性IQは言語性に比してかなり低く、不器用さを裏付けていた。

小学校時代の学業成績および行動評価を通知表の記載からみると、先の知能検査結果に示されるような高い知能水準にもかかわらず、学業成績は低く、小学低学年ですでに図工や体育の評価が低く、三年時には国語・社会が五段階評価の四であったにもかかわらず、次第に両教科も高学年になるにつれ低下していた。行動評価では三年時に対人関係を回避し、本読みに没頭していることが記載され、四年時には友だちの発言に対して敏感に反応するなど、周囲の人たちに対して被害的な構えを取るようになっていたことがうかがわれた。

治療は母子同席で、週一回一時間とした。計一三回、五ヶ月間で治療は終結した。

治療経過

第一回〜第二回　J男の現在の気持ちに焦点を当てて面接を進めていくと、J男は母親に強く訴える調子で『苦しいのにわかってくれない。お母さんがいないとき、泣いているんだぞ。勝手な想像されてこちらはいい迷惑です。当たらないことが多い。人の気持ちもわからないで。いまにも爆発して親でも殴りたい気持ち』と涙ながらに語るが、母親は『どうして』『なぜ』と質問を繰り返すのみで、J男を受け止める余裕の無さが印象的であった。

しかし、J男のいままでにない激しい訴えに母親も次第に涙ぐみ始めた。そこで筆者は母親の感情をとりあげたところ、母親自身もF市に転居してまもなく塞ぎ込んで家に閉じこもり、好きな外出もしなくなったことが語られ、当時、母親は引っ越しうつ病になっていたことが推測された。

第三回　相変わらずJ男は母親に訴えるが、母親はただ事実を確かめるのみで、J男の感情が母親に伝わらない様子であった。そこで筆者はそれをとりあげ《お母さんは子どもの訴えに対して懸命になって説得しているように見えますね》と指摘すると、母親は堰を切ったように語り始めた。それまで懸命に耐えていた母親の防衛が一気に緩んだのであろう。

話は自分の幼児期、学童期にまでおよび、自分も親にいつも気を使って遠慮し、親の期待に応えようとする気持ちが強かったこと、小学生の頃、同性の友だちに溶け込めず男の子とばかり遊んでいたことなど、母親は実母とのあいだでJ男と同じような体験をしてきたこと、女性同士で親密な関係をもつことが困難であったことなどが語られた。

こうした治療の転機は、筆者が母子交流の特徴をとりあげることによって容易に訪れたが、J男の学習困難に基づく不全感と、それを乗り越えようとするつらさ・悲しさと、母親が子ども時代にいだいていたせつなさ・頼りなさといった感情が、ともに「どこかこころ細い気持ち」から生まれたものであったということが、おそらく母親の防衛を緩めた大きな要因のひとつになったのではないか。

第四回　微熱、腹痛、悪心などの心身症様症状が出現し、J男の心身のバランスに大きな変化が起こっていることがうかがわれた。抜毛は著しく減少していた。表情にもいままでにない明るさが戻ってきたと母親は報告。J男は家で、それまで弟と二人で寝ていたが、親子四人いっしょに寝るなど、親に対して素直に甘えるようになってきた。

第五回　治療開始後、しばらく渋っていた登校を、母親に送られながらも徐々に再開。母親も少し安心してきたと語った。まもなくJ男は、夜、再び弟と二人で寝るようになった。学校では昼休み、ドッチボールの仲間に入れてもらえるかが心配で、交友関係を巡る問題が次第に大きくなってきた。

第六回　面接室で母親に対して伸び伸びと振る舞うJ男の態度に、『この子は、この診察室に入ると突然人が変わったように伸び伸び振る舞うんです』と母親は嬉しそうに語り、J男の訴えに黙って聞き入るなど、母親の内面的変化が感じられた。そうしたなかで母親は『人目を気にして育児はきちんとしたいという気持ちがとても強かった。子どもは自分に頼って何かするときは必ず「お母さんはどう思うか」と自分の意見を聞いていた』と、過去の育児体験を想起し始めた。こうした話のなかから、母親はJ男のつらさをどこかでは感じつつも「自分も実母の期待に応えなくては」という強い思いがあり、育児に対する理想も高くなっていたことに気づきにくかったのだろうと思われた。

第七回〜第八回　J男は『お母さんの言うことを聞いて学校に行くと、他人から馬鹿にされる。なんでも親が決めるから嫌だ。親のいうことを聞いたら悪いことばかりで、腹が立つ』と母親を激しく非難するようになった。J男はいままで努めて母親の期待に応えようとしてきたが、交友関係のなかでそれではやっていけなくなり、いままでの母親の命令口調を非難するのだった。しかし「ひどい言葉を使うと嫌われるんじゃないかなと思い」、攻撃性の表出に強い抵抗があることもうかがわれた。すると母親も友人から『子どもに学校の先生みたいな話し方をするのね』と指摘されたことを想起し、自分も子どもとのあいだに他人行儀な態度をとっていたことに気づき始めた。こうして、母子間での交流は一段と深まっていった。その結果、母親は初めてJ男の傷を見て「痛いだろうな」という実感がわいてきた。それとともに、J男のハンディキャップをあるがままに受け入れられるようになってきた。

第九回〜第一〇回　抜毛の衝動にかられるのは「自分は正しいと思っているのに、相手が反対のことをしたり言ったりして相手を憎く思ったとき」であるとJ男は語り、抜毛が攻撃衝動の高まりに関連していることが語られた。J男は家で、父親にも「たばこをやめろ」などとはっきりと自己主張するようになってきた。母親の話題は、J男や自分の子ども時代から次第に夫婦関係へと移り、夫に「秘書としては有能だが、人の気持ちはわからない人」だと言われてきたことが明らかになり、夫婦間でも感情交流にかなりの葛藤がはたらいていることをうかがわせた。

第一一回　面接場面でJ男が母親をやりこめる場面が影をひそめ、家庭で自己主張できるようになった。すると母親は突然「この数日のあいだに自分が少しわかってきた」と、自分自身の行動や内面の変化を語り始めた。『人と接するときはつい相手に服従する立場をとってしまう。しかし、自分のなかの理想は高い。こんな気持ちが中学のときに急に高まり、周囲の人と会ってもどこかなじめず、自分をとても意識するようになった。自分自身が母に支配されていたと思う。なぜなら、母親の前でいつもいい子になろうと思っていたから。母親からいつも「あんなふうになりなさんな」「こうしなさい」と言われ続けて、母親の期待に応えようとしてきた。Ｊ男も何かやるときには「お母さんはどう思うか」と、まず母親の意向を聞いていた』と言うのであった。母親自身が実母に対してとってきた態度とＪ男の母親への態度がきわめて似通ったものであることに、母親が気づくようになった。

そこで母親の子ども時代についてさらに訊ねていくと、小学四年、Ｆ市に転居してきたが、女の子とはほとんど遊ばず、いつも男の子といたずらをしたり、非行まがいなことをしたりしていたことが語られた。さらに、中学時代、校則に反する靴を履いていたが、経済的に苦しんでいる母親のことを思うとそのことを言えず、学校側からよく注意されていた。自分はいつも実母の期待に応えないといけないと思っていたが、いま振り返ると、子ども時代は劣等感の塊であった妹の方が実際は母親の期待に応えている。このようにみずからの子ども時代を内省的に語り、実母に支配されていた強い自我理想からやっと解放され始めた。

第一二回〜第一三回　母親はＪ男の育児を振り返り、Ｊ男の自律心を育てようとこころ掛けたつもりだったが、実際はモデルを示さず、ただ指示するだけで、Ｊ男が出来ないと自分一人で何事も片づけてしまっていたこと、話す能力が優れていたためついその面にのみ過剰な期待をかけていたこと、などが語られた。

次いで、南国から実母が近くに住むＦ市に転居してさえ、母親は安心するどころか、逆に内的緊張が強まり、実家に行ってもこころ安まることがなかったことが語られた。そこで筆者が《（母親の）お母さんとのあいだでまだ自分の本当の姿が出せていないから、子どもの本当の姿を受け入れることが出来ないのかもしれませんね》と解釈すると『最近やっと、ＰＴＡ活動などで自分の意見をはっきり出しても安心できるようになりました。子どもにも「それはだめよ」と言うのではなくて、「それでいいのよ」と言えるようになりました』と、母親は自分の態度の変化をうれしそうに話した。

母親の内的変化と同時に行動面の変化も認められたことから、今回で定期的治療は終結することを提起し、母親の希望により以後はときどき経過観察をもつことにした。

その後、J男は登校を開始し、同世代の仲良しと再び遊ぶようになり、抜毛もほぼ解消した。こうしてJ男が子ども同士の世界を創造し始めると、そこで初めて母親も、夫とのあいだではっきりと自己主張できるようになったことが報告され、夫婦のあいだにも気持ちの通い合いが生まれ、親同士、子ども同士というように各々の世代での好ましい交流が生まれた。

甘えたくても甘えられない子ども

J男の生育歴を振り返ると、母親の前で従順に振る舞い、表立っては甘えることがなく一人遊びを好む子どもであったが、治療経過を振り返ると、内面では母親への強い〝甘え〟が潜在化していたことがわかる。甘えたくても甘えられない心理状態にあったであろうことは容易に想像されるが、その背景要因を考えると、ことはさほど単純ではないことが治療経過から明らかになっている。

発達障碍を思わせる不器用さ

本来、J男に知的に問題はなく、優れているほうであったが、大人顔負けの言葉を使う一方で、身のこなしがぎこちなくなんらかの発達障碍（発達性協調運動障碍、学習障碍など）があったと思われる。そのためか、対人関係に対しても回避的で、学校でも家庭でもひとりで本を読むなど知的好奇心に駆られた生活を送っていた。しかし実際には、学校でどのように振る舞ったら良いのか困惑することが多く、母親に頼らざるを得なかったのであろう。こころ細くて母親に甘えたい気持ちが常に抱きつつも、現実には大人顔負けのことばを使うため、ついつい母親は、ことばによるコミュニケーションに頼ってしまい、J男が困ったときにはその都度、具体的にことばで指示をするなどの手助けをしてきたのであろう。こうして、J男の情緒的側面と知的側面との際立ったアンバランスは、母子間で次第に増幅していったと思われるのである。

前思春期不安に伴う反応としての抜毛

前思春期は、子どもから若者へと移行する、情緒的に非常に不安定になる時期である。自分の内面から突き上げてくる漠とした衝動に次第に圧倒されるようになると、何事も親の期待に沿うことでどうにか無事過ごしてきた子どもも、それではやっていけなくなる。外ではどう振る舞ったらよいか不安は高まる一方で、こころ細くても母親に対して頼ることはできないという、寄る辺のないこころもとない心理状態に追いやられるのであろう。これまでに経験したことのない強い不安に襲われる。この時期の子どもたちに多様な精神病理現象が起こるのは、このような背景に基づいている。J男の抜毛という反応もそのひとつの表現型とみなすことができる。

母親の強いアンビヴァレンスと高い自我理想の形成

本来であればこのようなこころ細い状態にある子どもを、母親はしっかりと守ってやらねばならないのであるが、それを困難にした要因が、治療のなかで浮かび上がっている。母親がJ男のこころ細さ、つまりは〝甘え〟の感情を受け止めることができなかったのは、母親自身も実母とのあいだで強い葛藤が続き、実母に対して強い〈アンビヴァレンス〉を抱いていたことが、深く関係していた。母親も実母との関係のなかで、自分の思いどおりにやりこなす万能的で支配的な実母の期待に応えようと努め、そのために、高すぎる自我理想が形成されていた。実母の近くに転居してもこころは安まらず、引っ越しうつ病にさえなったことがそれを裏づけていた。

母性的共感性が蘇る

治療では、J男の気持ちが表に現れやすくなるようにするとともに、母子間で動いている気持ちを感じ取りながら、それを母親に気づけるようにこころ掛けていったが、比較的短期間で母子関係に大きな変化が起こっている。J男の〝甘え〟を母親が受けとめることができるようになるためには、母親が自身の子ども時代から今日までの実母に対する強い〈アンビヴァレンス〉に気づき、それを内省できることが必要であった。

その内省が可能になるにつれ、母親のもつ本来の母性が賦活化してきたのか、子どもの痛みを自分の痛みとして感じとることができるようになってきた。それまでは子どもの気持ちを、頭では理解することができても共感することは困難であったということである。子どもの〈アンビヴァレンス〉を緩和するためには、母親自身のそれにも対処することが求められることを教えられる。

母子関係の修復が夫婦関係にも反映する

こうして本来の母子関係、つまりは〝甘え〟を受容した関係が蘇ったのち、興味深いのは、母親自身の夫婦関係にも本来の姿が蘇っていったことである。素直に自分の気持ちを表に現わすことができるようになったことが契機となっている。親子関係であれば、夫婦関係であれ、両者をつなぐ感情としての〝甘え〟がいかに重要な意味をもつかがわかる。こうして初めて子どもは子どもらしい世界を、親は親らしい世界を持つことができるようになるのであろう。

まとめ

子どもを虐待する親は過去に自分の親から虐待されてきたことが多い、ということはよく知られている。虐待にまつわる世代間の「負の連鎖」といわれるものである。こうした現象は、虐待関連問題のみならず、アルコール依存の家族、その他の精神病理現象においても認められるが、本事例でも、先の母子関係の特徴で述べたように、同様な現象が起きていることが確認される。

では、親子の関係の何がどのように世代を超えて伝わっていくのであろう。そのルーツを探っていくと、乳幼児期早期の「アタッチメント」をめぐる問題に突き当たる。子どもが母親に対して抱く〝甘え〟が充足されず、そこに強い〈アンビヴァレンス〉が生まれる。そして、子どもから親になり、子どもを育てる際に、再び〈アンビヴァレンス〉の問題が蘇ってくる。「育てられた者」が「育てる者」へと立場が変わろうと、子ども時代の〝甘え〟体験はいつまでも生き続けていることを、いまさらながら教えられる。

一方的に話し続けることで距離をとる男児

一二歳（小学六年）K男（精神科病院外来、精神科クリニック）
知的発達水準　正常
主　訴　落ち着かない
家族背景　両親との三人家族

治療初期にみられた関係の様相

小学六年で普通学級在籍し、時折、特別支援情緒学級に通っていた。会話は、自分のペースで語ることが多く、周囲に対して挑戦的な態度が目立つところがあった。いま一番の興味の対象は、力士のプロフィールであった。

面接ではつぎつぎに、好きな力士の出身地や所属の部屋などを得意げにしゃべりまくっていた。筆者は彼の話に分け入ることができずにいたが、このような彼の話し方は、相手とのあいだに一定の距離を保ち、相手から話しかけられないように、自分を保っているためではないか、と感じられた。時折筆者は意図的に、スキンシップをとろうとして彼の身体に触れてみると、急に身体を固くして、思わず身を引く反応を見せた。そこに彼の警戒心の強さが感じられた。

筆者が母親に彼のこのような警戒的な構えがなぜ生まれたのかを〝甘え〟の問題から説明していくと、母親はいたく共感し、じつは自分も一人っ子で、いつも実母から監視さるように事細かく注意されていたことが語られ始めた。今年、実母が亡くなったが、悲しみと同時にほっとしたところもあることを吐露するのであった。そして、自分も気をつけてはいたが、結果的には実母と同じように子どもに接していたのではないか、と内省的に語るまでになった。母親が実母からいつも監視されているように感じていた背景には、〝甘え〟によってもたらされる安心感がなかったことが深く関係していたことはいうまでもない。

治療経過

その後、月一回の面接を重ねていたが、その間、母親から幼少期の生育歴を聞いては当時を振り返る面接が続いた。

数ヶ月後、彼も中学一年になった。初診から十ヶ月も経過した頃、母親がいま一番困っていることは、母親が何を訊ねてもJ男ははぐらかすことが多い、とのことであった。内容を聞いてみると、闇雲に何でもはぐらかしているのではなく、自分に自信のある内容であれば答えているようで、はぐらかすのは答えに自信のないときが多いことがわかった。さらには、試験の成績をいたく気にするようになり、試験の前だから通級教室は休みたいと彼が言うので「成績はあまり気にしなくてよい」と母親が言ったところ、彼はひどく反撥したという。彼が学業成績をこれほどまでに気にしていることに、いたく驚かされたというのである。

そこで筆者は、母親の日頃の態度がとても生真面目で優等生的だから、彼はそうした母親の背中を見て感じ取っているのではないかと、感じたことを伝えた。すると、母親はとてもよくわかったと頷くとともに、彼が時間をとても気にして神経質なところも自分に似たのではないか、親子がこれまでいかに影響を及ぼし合ってきたのか、改めて感慨に耽っている様子であった。

まもなく筆者はある身近な例として、〝甘え〟の問題が世代を超えて母子間に伝わることがあると具体的に解説すると、例に挙げた母親の姿と自分とがあまりにも酷似していることに、たいへん共感を示した。自分の幼少期、実母がアパートの管理人の仕事をしていたので、四六時中自由な時間が持てず、自分もほとんどどこにも連れて行ってもらうことがなかった。とても厳しいしつけを受け、幼少期には物置に閉じ込められ、庭の木に身体を縛り付けられるということもあった。近所の人が見るに見かねて実母に話してくれて助けられたこともあった。実母は覚えていないが、自分の記憶には強く焼き付いている。そんな実母を思い出して、自分もこの子に対して、身を削るようにして子どもに尽くすようなことはしてこなかった。子どもが泣くといらいらして、自分の時間が取られるのがとてもつらく、嫌だった、と述懐するのである。子どもに対してどこかクールなところがあったと思うとも振り返るのであった。

このようにして母親自身がみずからの生い立ちを振り返り、自分の実母に抱いていた思いが、いまの子どものそれとどこかで重なっていることに気づくのであった。それまで筆者は、母親のどこか淡白で割り切ってはっきりした、角ばった物言いが気になっていたが、次回にはそれが消えて、丸みを帯びて優しさを感じさせる物言いへと変化していた。すると次のような話が母親から語られ始めた。

先日、母親が外出しようとしたら『お母さん、行ってらっしゃい。気をつけてね』と、驚くほどに思いやりのあることばを言って送り出してくれたという。思わず母親は『ありがとう。心配してくれるんだね』と礼を言って応えたという。さらには、友だちがひとりで遠くに遊びに行っていることを知って、自分も行きたいと言い出した。母親としてはひとりで行かせるのは心配であったが、彼が自分から『お母さんと行くのは恥ずかしい。中学生だから』と言うので、ひとりで行かせたところ、公共交通機関を乗り継いで無事、行ってきた。親子ともども嬉しかったというのである。

このように、母親自身が過去の自分自身の親子関係を内省するなかで、自分のなかにくすぶっていた〝甘え〟にまつわる思いを懐古することによって、母親のどこか肩に力の入っていたところが抜けたのであろう。子どもも、母親に対して感じていた緊張が緩んだのではないか。そのことによって、母子双方のあいだで親密感、すなわち本来の〝甘え〟の感情が生まれたのではないかと思われるのである。その証拠に、次回には母親が『最近は、息子といっしょにいてもイライラしなくなった。以前は四六時中息子を見張っている感じで、「人前で迷惑をかけたくない」という思いが強く、結果的に息子を押さえ込もうとしていたと思う』と、しみじみと語るのだった。その後、彼は商業高校に入学し、非常に優秀な成績を修めるほどに成長を遂げるとともに、親子は平穏な日々を過ごしている。

まとめ

初診時の彼の一方的な話し方に筆者はしばし戸惑っていたことを思い出す。しかし、彼のこのような態度が筆者からのはたらきかけを避けるための彼なりの自分を守るための対人態度であることに気づくことができると、「なんとかコミュニケーションをとらなければ」という囚われから自由になったように思う。そうしたゆとりが、逆に、彼と語り合うことができる契機になったと実感できる事例であった。

母親は非常に素直に過去の自分を振り返り、子どもとの関係を見直すことのできる人であったので、治療は非常に順調な経過を辿ったものである。母親の気づきによって母子関係が劇的に変化することを実感させられた。

小児科でも精神科でも、安易にＡＤＨＤの診断が多用されているが、〝関係〟の視点から見直すことによって、ＡＤＨＤといわれる人たちの対人態度にいかにアンビヴァレンスが潜んでいるかをいつも気づかされる。

第四章　青年期前期（中学生）

自分で自分をコントロールできない

一五歳（中学三年）Ｌ男（大学病院精神科外来）

知的発達水準　正常

主　訴　落ち着きがない、何事にも被害的に受け止めやすく、呆然としている。

生育歴　知的水準に明確な遅れはなかったものの、学習能力に大きなアンバランスがあった。生育歴を聞いていくうちに、歩き始めると落ち着きのなさが目立ち、学童期に入って多動は改善したものの、注意散漫がずっと残存していた。自分をはっきり主張することはなく、祖父母と両親に囲まれていつも大人から（特に祖母から）ああしろこうしろとせかされ続けた。

治療初期にみられた特徴

数回の面接で、Ｌ男の苦しみは以下のようなものであることがわかってきた。もっとも深刻な悩みは「自分で自分をコントロールできない」というものであった。たとえば、友だちから誘われるとつい同調してしまう。友だちから誘われるのは、嬉しくもあるが実際は楽しくない。自分の本心から「やりたい」と思って行動することはなく、友だちから誘われてついやってしまうことが多いというのである。

L男の悩みの中心は「何事も、自分から主体的に物事を遂行することができない」というものである。かなり深刻な自己意識の問題である。さらに、日頃からいつもびくびくしていて、何か行動してもすぐにごめんなさいと言ってしまう。謝らなくてもよい場面でもついこのような言動をとってしまうというのである。

そのようなことを語っているL男の話し方に耳を傾けていた筆者は、L男がいつもせかせかした感じで早口に話しているのを感じ取り、そのことをL男に伝えた。L男はすぐに頷き、自分はいつもせかされたような感じでいるというのであった。面接でそのことを指摘されることで、L男はかえって安心したのか、面接を終えての帰りに、車中でL男は母親によくしゃべるようになった。その後、L男は自分のことをどんどん主張するようになり、母親にもこれまでにないほどに言いたいことを言うようになってきたというのである。

治療経過

次回の面接でL男は、自分の気持ちをどんどんしゃべりまくるようになった。話したいことがつぎつぎに吹き出してくるのではないかと思われるほどであった。そばで聞いていた母親がこれまでと同じように早いテンポでL男に応答しているのを聞いていた筆者は、母親のこのような話し方がおそらく彼にとっては、自分が非難されるような侵入的な響きを感じさせているのではないかと思った。

そこで、筆者は母親に次のように助言した――《L男の話し相手をするとき、意識的にゆっくりと応答してみるように》と。母親は筆者の意図を察知し、すぐに実行した。すると次第に二人のコミュニケーションが深まっていくのがわかった。

その後、母親もこれまでの養育体験を振り返るなかで、次第にL男への対応にも暖かさとゆとりが感じられるようになっていった。するとL男は、面接場面でおどおどして母親の顔色をうかがうような態度が消え、筆者の方を見据えて自信を持って話をすることができるようになった。

三週間も経過すると、L男の話し方には急き立てられるような感じがなくなり、自分の意見を堂々と主張できるほどの変わりようを見せた。そばで見ている母親も、とても満足そうに見守っていた。家庭で母親が訊ねなくても、自分の意見をはっきりと言うようになったという。すると吃音もそのように消失した。初診から三ヶ月後、治療は終結した。

幼少期、落ち着きがなかったのは、「甘えたくても甘えられない」状態にあったL男が、常に親の顔色をうかがうようにして振る舞い、安心して自分を主張することができないまま、今日に至っていることが考えられる。幸いこの事例では、母親の気づきによって、母子関係にみられた悪循環を断つことが出来た結果、子どもの主体性を育むことが可能になった。

まとめ

この事例は筆者にとっては、発達障碍の子どもたちの自我発達の問題について気づかせてくれたことで強く記憶に焼き付いている。ここでも、子どもや母親の語り口調に注目し、それをとりあげたことが劇的に変化をもたらしている。当時、この経験から、関係発達臨床のコツをある程度つかんだように思う。

第五章　青年期中期（高校生）

自分の感情に気づかない

一六歳（高校二年）Ｍ子（精神科病院外来）
知的発達水準　正常
現病歴　不登校と感情面の不安定さを強く訴えていた。母親同伴での受診であったが、苦しいことは自分から話した。

中学生の頃から、対人関係で悩み、おなかが鳴って男子生徒からからかわれたり、いじめられたりして、つらい思いが募り、次第に不登校気味になっていった。自分の悩みを誰もわかってくれないという孤立感が強かった。

いまでは心身症や不安、抑うつと多彩な病態を呈していたが、後に持参したメモの記載で、以下のような悩みや苦しみがあることが判明した――「感情がないといわれる」「自分の感情や身体の不調になかなか気づかない」「うれしい、悲しいという感情に気付かない」「他人に興味がない」「ずっとひとりでいても苦にならない、なのに他人の目は気になる」などと述べた後、「歳の近い人がテレビに出たり、目立ったりしてちやほやされていると、ものすごく妬ましい」「助けてほしいけど、それが『甘え』なのではないかと不安になる」と自分の感情についても述べていた。Ｍ子は〝甘え〟に対する強い罪悪感に支配され、自分を出すことに対して強いためらいと恐れを抱き続けていたこと明らかになったのである。

初診時の様子

筆者は面接でのＭ子の対人関係の特徴や話し方などから、コミュニケーションをとること自体にかなりの難しさがあると判断した。第三者からみると、いわば空気を読むことがむずかしく、自分の主張をまくしたて、対人関係では視線回避傾向が顕著で、無表情であった。

治療経過

その後の治療では、自由に話をしてもらい、不安と抑うつに対して薬物も処方しながら、面接を続けた。家族背景を聞いて行くうちに、父親が暴君で、ＤＶともいっていいほどの家庭状況にあることがわかってきた。そんな父親に対して母親は無力で、だれにも頼ることはできずに、孤立的な状況に置かれて、いまに至っていた。

筆者は面接を重ねていくうちに、次第に息苦しくなった。こちらから話しかけても「それを聞いてもらった」という実感が伴わない。Ｍ子に何か話しかけると、話し終わる前にすぐに反論し、自分の思いを強調するばかりだったからである。そのことを筆者は《あなたはこちらが何か言うと、すぐに「ああ言えばこう言う」ね。へ、そ、曲、が、りだよね》と率直に感じたことを投げかけてみた。すると、そばで聞いていた母親から『この子は、小さい頃から、言うことを聞かず、気難しい子だった。自分の要求は頑として言い続け、よくかんしゃくを起こしていた』と語られた。そこには、Ｍ子が他者と面と向き合うことに強い不安を持っていることが映し出されていた。ことばを換えて言えば、幼少期の強い「甘えのアンビヴァレンス」ゆえに、他者に接近することに過度な恐れのあることが推測されたのである。筆者が指摘した「へそ曲がりだよね」との指摘は、M子のこころを動かし、自分を顧みるようになった。そして、以下のようなことを語り始めた。『人の言うことを素直に聞くと、誰かの言いなりになるようで嫌な気持ちになる。「反抗かな」とも思うけど。言いなりになっている訳ではないのに、そんな気持ちになる。相手の気持ちを認めたいけど、認められない。相手の話を聞いているんだけど、素直に聞いている素振りを見せたくない』『相手の言ったことに対して、相手が何を望んでいるか、何を答えていいか、わかっていないからだと思う。相手の話を取り違えたかなとも思う』『自分のことをわからないと話せないから、日々自分のことを考えている……。たとえば「どうしていまこんな気持ちになっているのか」「どうして楽しいのか」「どうして悲しいのか」、その理由を知りたい。そう考えずにはおれない。』

M子の語る内容から筆者が見て取ったのは、相手に飲み込まれる不安が彼女の「へそ曲がり」の言動の背景に潜んでいること、さらには、自分の感情や思考に実感が伴っていないことであった。深刻な自我障碍が示唆されたのである。

そこで、その後の面接で筆者は、彼女の一挙手一投足にうかがわれる気持ちの動きを察し、それを適宜とりあげることで、彼女の体験の意味を映し返すようにこころ掛けた。このような治療的営みを通して、M子にいまの自分への気づきが生まれ、自分が抱いてきた深刻な悩みを率直に語り始めた。そこでやっと、筆者もいっしょになって考えるという本来の治療関係が生まれていった。

まとめ

DVの家庭で育ち、いつもびくびくしながら生活してきた事例である。彼女はこれまであるがままの自分を親から受け止めてもらった経験がなく、自分の内面に立ちがる感情がいかなるものかさえわからない状態にあった。本来の〝甘え〟体験を持ち得なかった彼女は、自分を守るために、他者の言うことにことごとく反論する「へそ曲がり」な対人態度を身につけてしまったのであろう。しかし、筆者が面接で彼女のそうした態度を「へそ曲がり」として指摘したことによって、彼女のこころの琴線に触れることができた。すると自分の気持ちを率直に語るようになっている。

二〇歳を過ぎたいま、彼女はアルバイトをしながら、面接で筆者とともに今後の自分の生き方について模索し続けている。

第六章　青年期後期

こうありたいと思うとその逆になる

二〇歳（無職）Ｎ子（精神科クリニック）

知的発達水準　軽度遅滞

生育歴と現病歴　周産期および新生児期、特記すべきことはなかった。しばらく母乳で育てたが、生後一〇ヶ月、急にＮ子は母乳を拒絶したため、翌日から離乳食にした。身体運動発達に特に問題はなかった。発語は遅くなかったが、文章になるのは遅かった。しかし、就学時には正常レベルになった。

一歳過ぎに歩き始めたが、とても活発で、抱っこをしていてもじっとしておらず大変だった。人見知りと後追いはあったというが、外出時、母親から離れて一人勝手にどこかに行って、迷い子になることも少なくなかった。

幼稚園では、集団に溶け込めなかった。集団からは逸脱してみんなについていけず、一人でものを作ったりして遊ぶことが多かった。

小学一年、教室で奇声を挙げ、落ちている物を拾って舐めたりするなど、この頃から、集団のなかで奇異に思われる行動が出現した。当時、特定の男児に体育の時間に身体を触られ続けていたが、誰にも助けを求めることができなかったというつらい体験を持つ。人形やぬいぐるみが生きているように感じられ、それに話しかけたり、テレビに映ったものをつかもうとしたりするなどの不可解な行動も見られた。

小学二年、田舎に転居。転居先の児童精神科で一年間治療を受けたが、効果はなかった。小学三～四年、比較的落ち着いていた。仲良しの女児もできた。しかし、四年にふたたび元のところに転居。

小学五～六年、小学一年のときに身体を触られた男児と再び同じクラスになった。対人恐怖が強まっていった。それでも一所懸命勉強して、私立中学に入学した。しかし、頑張りすぎて力尽きたのか、中学に入学すると、学校に二週間だけ通い、以後、不登校状態になった。

この頃からいくつかの病院を受診し、入院治療も受けた。中学三年時、数ヶ月入院し軽快した。その後、フリースクールなどに通っていたが、一八歳、再び疲れて四ヶ月後不登校状態になった。そのため、某児童精神科病棟に入院。しかし、同世代の若者のなかに混じっての入院生活は、N子にとって刺激が強すぎたのか、不安とこだわりが増強し、まもなく筆者に紹介され、退院後、筆者の外来治療が開始された。当時、おもに鎮静系の抗精神病薬を服用していた。

初診時の特徴

幼児期早期以後の生育歴から、知的発達には明確な遅れは認められなかったにもかかわらず、対人関係面には深刻な困難さが、乳幼児期早期から認められている。

行動面の異常が小学校低学年にはすでに顕在化し、当時からN子自身の外界知覚に異常を思わせる奇異な行動が出現している。その背景には、外界の相貌性が異常に亢進していることを示唆するエピソードがうかがえる。このような状態にありながらも、懸命に学校生活に適応しようと努力していたN子であったが、中学生になると次第に、精神病を思わせる深刻な症状が出現するまでに至っている。その後、二度の入院生活を経験するが、状態は改善しないまま、筆者の外来受診に至ったものである。

治療開始から数回の面接で彼女が語った訴えの内容は、以下のような内容であった。

自分の一番の苦しみは、自分がこうありたいと思えば思うほど逆の方向に行き、嫌だと思うことを次々に強いられること。たとえば、病気がよくなりたいと思えば思うほど、治らない悪い方へ行ってしまう。性的な思考内容が、嫌だと思えば思うほど、どんどん頭に浮かんでくる。過去の嫌だったことを思い出したくないと思えば思うほど、どんどん思い出してしまう。

このように、自分が何かの力によって支配されているような感じがする。自分を命令する声がする。それは性的ないやらしい内容である。いつも何かに急き立てられるようにして行動している状態で、とても苦しい。自分の魂が切り裂かれてしまうような感じがする。自分のこころのなかには、ずっと休まずはたらき続けている部分と、まったく眠ってはたらかない部分があるような気がする。他者の行為を誤って被害的に受け止めてしまう。卵の殻の中に入っていて、割って外に出ることができないような感じがする。

先に右足を出したらパニックになるのではないかと思い、それが心配で左足を出してしまう。左足を出したらよいか、右足を出したらよいか、どうしてよいかわからない。ある人を好きになると、「好きになってはいけない」という気持ちになる。食事も自由にとれなくなるときがある。食事をしたら、歯磨きをしなくてはいけない。虫歯になって歯医者に行かなくてはならなくなることを想像してパニックになる。歯磨きをしようとしてもパニックのために前が見えなくなって歯磨きが出来なくなるから。

N子の苦しみの内容は、思考そのものが何らかの力によって支配され、みずからの意思でもって自由に行動することができない状態にあり、それが幻聴や作為体験（させられ体験）という症状にまで発展していることがわかるが、このような深刻な自我障碍が自分の行動を自然に振る舞えないという自明性の問題[39]とも深く関わっていることも推測される。

治療経過

筆者は当面、N子と母親に対して一～二週に一回三〇分程度の面接を開始した。その際、N子の強い強迫性に対して、選択的セロトニン再取込阻害薬（ＳＳＲＩ）を処方した。

一ヶ月もすると、Ｎ子は『一瞬だけ安心できるようになった』と語るようになったが、それは一瞬のことで、ほとんどいつも不安に圧倒され、パニックに対して戦々恐々としていると切々と訴える日々がしばらく続いた。面接で筆者がことばでいろいろと説明をしようとすると、ことばの字義に囚われやすく、延々と説明をし続けなくてはならなくなるため、筆者はことばでの説明は極力控え、Ｎ子の語ることばの背後に動いている気持ちに焦点を当てることに努めた。

すると、治療開始から三ヶ月半後〔第一〇回〕『ほんのちょっと、健康な自分が育っているように感じることがある』とＮ子は述べ、自分の内面の僅かな変化にＮ子の意識が向かい始めていることをうかがわせた。さらには次回で『母親に甘えたい気持ちがある』と言うまでになったが、母親自身には娘の甘えを受け止めることへの抵抗があること、それは、以前入院していた頃Ｎ子から受けた激しい攻撃的行動によるトラウマが深く関係していることが明らかになった。

その後、母親面接で、母親にＮ子の気持ちを受け止めるように助言することによって、当初、母子ともに認められた強いアンビヴァレンスが次第に緩和し、七ヶ月後には母親も娘の気持ちを受け止めることができるようになっていった。

八ヶ月後〔第二三回〕『自分が自分のこころのなかにいる自分とつながっている感じがする』と述べ、自分のなかに客観的に自分を見つめる自己が芽生えつつあることをうかがわせるまでになり、『感情と自分がつながっていると思う』とも語り、素直に自分の感情を受け止め、それに従って行動することが可能になっていった。

一五ヶ月後〔第三七回〕、Ｎ子の笑顔が自然になってきた。『一瞬だけ、パニックにこだわっていないわたしがいることに気づいた。さらさらと、こころが洗われる感じがする。このままパニックになったとき、「わたしは守られている」という感じがして、心地よかった。自分で努力しないでもそんな感じがした。普段ならば、自分が努力しなければいけないが、自然に感じることができた』と、自分を実感をもって感じ取ることができるようになった。この頃には、治療開始当時認められた深刻な精神病様症状はほぼ消退した。

このような経過を通して、N子は自分を取り戻すことができ、まもなく、地元で開催されている当事者の会に参加し、自分の肯定的な一面を周囲の人たちに認められることによって、充実した生活を送るようになっていった。

まとめ

N子が語った内面の苦悩を聞いてすぐに筆者が思い浮かべるのは、十七歳（当時アスペルガー症候群と診断した）女性から聞いた苦悩である〔五〇頁参照〕。

両者の語った内容があまりにも同質の深刻な苦悩であることに驚かされる。青年期の精神発達においては自我同一性の確立が最重要課題となるが、この二人に共通するのは、自分のなかに「こうありたい」という思い（取り入れ）が高まると、それを誰かから否定されたような気持ちになるために、いつも自分が望むような行動を主体的（能動的）にとることができない、というものである。ここに、彼らの内面にある「主体性をめぐる深刻な病理」を見て取る必要がある。

なぜ彼らに、このような「取り入れ」をめぐる強い葛藤が起こるのか。その起源は、乳幼児期早期の〝甘え〟をめぐるアンビヴァレンスに求めることができるように思われる。

第七章　成人期

自分の考えが周りに筒抜けだった

二五歳（就労）Ｐ子（精神科病院外来、精神科クリニック）

知的発達水準　正常

主　訴　職場で突然おかしな行動をとる

現病歴　専門学校卒業して医療関係の職場に就職したＰ子。就職の世話をした専門学校の担当教員と職場の上司からの相談で、仕事の要領が悪く、患者の要求が理解できず、単調な話し方で、字面の四角四面の対応が目立つとの深刻な内容であった。

Ｐ子はそのような事実を認めているが、『どうしてよいかわからない』と言うばかりで、表情にはさほどの深刻さは感じられず、淡々としている。かえって周囲の者の方が不安になるほどであった。教員と上司の話から、以下のようなことがわかった。

就職直後の新人研修会で、制服を着せられたうえに、何日も会場で缶詰状態になったことで耐えられなくなり、突然、室外に出てうずくまるということが起こった。その場で、研修担当者から、帰宅したら精神科に受診するように指示されている。学校生活でも、同じような問題が頻発していたこともわかった。授業などで多くの生徒が集まる場に身を置くと、圧迫感を強く感じて、突然離席して、その場にうずくまったり、ひっくり返ったりする。授業中、ティッシュを千切って積み上げるような奇妙なことをする。突然、パニックに襲われて行方がわからなくなる。それでもしばらくすると、どうにかもとに戻ってきていたという。このような事態を幾度となく経験した教員たちは、P子をあまり追い詰めないようにこころ掛けてきた。授業中、苦しくなってパニックが起こりそうになれば、外に出るようにと助言していたともいう。

その他にも印象的なエピドードに事欠かない。専門学校の実習の場でP子が子どもと話しているのを担当教員が見ていて、唐突な言動が気になったために話し方を注意すると、P子は真顔で『わたしですか、それとも子どもですか』と聞いてくる。相対した患者が社交笑いをすると『なぜ可笑しいのですか』と、これまた真顔で訊ねる。あまりに苦しそうにしているP子を見て、周囲の仲間が『大丈夫ですか』と気遣うと、『何のことですか』と不思議そうに訊ねる。教員が『こんなときには海でも見れば、落ち着くのにね』と助言すると、『なぜ海なんですか』と言い返す。何かを指摘されたり、話しかけられたりすることが、自分のことだということに気づかない。その他にも、場に不釣り合いな言動が幾多にも認められた。

初診時の様子

初診時に、幼少期からの自分について、以下のようなことが語られた。

幼児期から人見知りが強く、一人で遊んでいることが多く、親は心配していたらしい。小学校低学年の頃、自分の考えが周りに筒抜けになっていると感じていた。「周囲の人はみんな自分のことを知っているのであれば、知らぬ顔をする訳がない」などと自分に言い聞かせながら、なんとか自分を保っていた。でも、人の声が聞こえていて、振り返っても誰もいないということがたびたびだった。「そんなこと、考えてはいけないよ」という内容の声だったという。背中から自分の考えが漏れていると思って、ランドセルを背負うのがとても嫌だった。最近でも授業中、自分の後ろに人が座るのがとても嫌だった。このような体験をどこかで「妄想だ」と自分に言い聞かせていた、とも語るのだった。幼少期から深刻な自我障碍があったことが推測される内容である。

ついで、学校や職場での対人関係について訊ねると、「他人と感情を交えないで応答すると楽だ」という。無理に感情を交えると、不自然になってしまう。たとえば、相手の話の意味が呑み込めないので、うなだれたポーズをとると、相手から『こちらの話を聞いていないよね』と言われる。逆にわかったように大袈裟に反応すると、相手は『本当にわかっているの？』と聞き返す。そんなことを幾度も経験するなかで、極力感情を交えないでコミュニケーションをとるようになったというのである。

治療経過

後日、母親が来院し、幼少時のことを語ってもらったが、深刻味はなく、他人事のように語っているのが気になったが、話の内容は次のとおりであった。

歩き始めは九ヶ月と早く、ことばも一歳になると出ていた。しかし、乳幼児期から個性的なところがあって、広汎性発達障碍の弟と性格が似ていた。人に合わせることが苦手で、一人遊びを好んでやっていた。印象的なこととして、風が嫌いなのか、こいのぼりを揚げると嫌がり、風船が飛んでいるのも嫌がっていた。そばで聞いていたＰ子は、こいのぼりを見ると「こころ細くなるから」とその理由を述べている。

小学三、四年頃からチックが目立ち、鼻を鳴らしたり、首を曲げては音を鳴らすようになった。母親は神経質になり、すぐに止めなさいと言い続け、「三〇秒我慢しなさい」と、それができたら「つぎは一分間我慢してみなさい」と、指導していた。すると、つぎつぎに他の奇妙な行動が出現するようになった。時計をにらんだり、後ろを盛んに振り向いたりするようになった。「後ろに人がいないか、落し物をしていないか」と気になっての行動だったのではないか、というのである。

そんな話を聞いていて、Ｐ子は、落し物にまつわる記憶として、小学生の頃、母親とデパートに買い物に行ったときのことを思い出したという。そこで焼き鳥を買って、帰りの電車に乗ったとき、網棚に焼き鳥を置き忘れてしまった。鉄道会社に届けたが、戻って来なかった。そのことが怖かった。母親に怒られた訳ではないのに、いまでも思い出すと気になる。いつも何か心配事がある。いまは、死ぬのが怖い、母親に死なれるのが怖い、死んだ後どうするか。幼い頃も小学生の頃もそんな不安があったというのである。

初診から二ヶ月半経過した六回目の面接でのことである。二週間前に自分から仕事を辞めて、少し楽になったのか、食欲も回復し、表情にも明るさが戻ってきた。筆者の話にいたく乗ってくるようになったことが印象的であった。

さらに、面接場面で両手を膝の上に乗せてきちんと相対し、じっとこちらを見つめ続けている。まるで乳児が初めて目にしたものを前にして確かめるような眼差しであった。筆者はちょっと圧迫感を感じたので、見つめる理由を訊ねてみた。すると訊ねられたことが不思議そうな様子を見せながらも即座に、『他に見るものがないから。みるべき場所がないから』と、真顔で説明するとともに、やや芝居じみた感じでわざとらしく、視線を横に逸らし始めた。その子どもっぽい反応をとりあげ、『あなたは面白い人だね』と、おどけた調子で楽しそうに反応すると、P子もうれしそうに返した。他者の発言は一言一句聞き逃さないように懸命に耳を傾け、即答しているのだが、そんなP子のあまりに従順な態度に、筆者は違和感を抱くとともに、幼少期から母親の言いなりになり、自分を出すことなく生きてきたことが想像されたのである。

筆者はP子と面接していると、不思議な感覚を味わうようになった。情緒的表現はとてもぎこちないが、それにも関わらず、どことなく楽しい感じが生まれてくる。それは、P子の思いがあまりにも純情で無垢なところゆえであると思われた。自分というものがあまりにもなさすぎるところに起因しているのではないかということである。以後、筆者は、幼子を相手にするように楽しい雰囲気を作りながら、P子のこころの動きに焦点を当て、それを映し返すようにこころ掛けた。

まもなく、小学生の頃の自分を想起して以下のことを語った。

『算数の勉強をやっていて、わからないことがあると、先生が「こうやってみていいよ」と助言してくれる。でもわたしは自分のやり方を押し通していた。音楽の時間に、先生がみんなに「一人で歌いたい人は」と訊ねると、わたしはすぐに手を挙げて歌っていた。でも「みんなといっしょに歌いたい人は」と訊ねると、わたしひとりが最後まで手を挙げなかった。でも、自分もいっしょに歌わないといけないと思って、口だけ動かしていたが、実際は歌わなかった。』

そんな話を聞いて筆者はすぐにその理由を訊ねたところ、『急に自分のやり方を変えるのは難しいと思う』と答えたので、筆者はすぐに『そんな人はなんていうと思う』と訊ねた。するとＰ子は『目立ちたがり屋』と答えたので、筆者は『「へそ曲がり」だと思った』と楽しそうに返した。

このようなやり取りをしていくなかで、Ｐ子はいつの間にか、自分の過去を内省し、こちらの話も素直に聞くようになってきた。さらに印象的であったのは、このような会話になると、視線の動きもずっと自然になってきたことである。

まとめ

Ｐ子はこれまで、他者といっしょになって何かを学習するという経験が乏しく、他者からの助言を素直に取り入れることもできなかった。それは「へそ曲がり」という屈折した〝甘え〟によるところが大きかったのであろう。そのような経験の積み重ねのなかで、結果的に、日常生活のなかでのさまざまな振る舞いを身につけることができないまま大人になってしまったのではないか、と推測されたのである。

自分は醜いと訴え続ける女性

二五歳（在宅）Ｑ子（精神科病院外来）

知的発達水準　軽度遅滞

家族構成　母親と兄とＱ子の三人家族。

現病歴　幼児期より、自閉症としては知的発達も比較的良好で、家族の期待もあって、高校入学までは順調な発達を遂げた。高校三年、父親が病死。それでも就職することはできた。しかし、職場で対人関係をとることが困難で、一年あまりで解雇された。当時、都心に住んでいたが、家庭の事情により、家族全員で母の実家に戻ることになった。社会適応の改善を目指してデイケアにも通ったが、引きこもり傾向が顕著となり、家庭で母親への暴力行為も出現したために、筆者のもとに受診となった。

初診時の様子

初診時の印象では、母親は実際の年齢よりはるかに若く見え、身なりも垢抜けている。Q子も比較的大柄ではあったが、均整のとれた体型である。うつむきがちで視線を合わせない。生気に欠け無表情。質問に対して自分の主張をただ一方的に語るだけである。母親の言動にひどく敏感で、時に母親の方に冷たい視線を投げかけるため、母親はひどい恐怖心をいだいている。

Q子は自宅に引きこもりがちで、自分の身体に対する囚われも強い。特に『自分は醜く、母は若くきれいだ』と母親を非難し、『兄や周囲の他人はみんなキリッとしていて、Q子の目にきて悲しい気分になる』と言うなど醜貌恐怖を思わせる訴えが強い。自分の視野のなかに人の目が入るのを極力回避する。人の話し声にも過敏に反応し、「大きい声（を出）されるとつらい」とメモに書いて手渡し、直接話すことは避ける。

治療経過

面接は二週に一回とし、最初にQ子その後母親に会うことにしたが、Q子は同席を拒否した。計九〇回のセッションを実施し、治療終結となったものである。

容姿への囚われと母子間の緊張の高まり

家庭内でのQ子の衝動的行動は、その後しばらく続いた。夜中に寝ている母親に突然、叩きかかる、テレビの音声を嫌がり、すぐに消してしまう。母子間の緊張は高まる一方であった。Q子は毎回、メモを筆者に渡していたが、その内容はいつも変わることなく、「まわりの人はちょっときれいに見える」「いつもやさしい声で話して下さい」など、容姿と人の声に対する囚われであった。

小学生の頃から似顔絵を描くのがとても上手で、評判の子であったが、筆者がQ子に自分の理想の人物像を描くように依頼しても『かけない』と言って拒否していた［第九回］。目線が気になるのか、まな板に刻印された魚のマークのついた面をいつも裏返しにし、メンソレータム（薬品）のナースの絵（三一頁図6参照）を見て「この子はかわいいから」と言って手で覆ったり裏面を向けてしまうなど、現実の人のみならずあらゆる目が気になり、恐怖心を抱いていた［第一〇回］。

この頃から少しずつ、娘のことが母親の口から語られ始めた。小中学生時代の娘は周囲の人々からも期待されていたが、それも過去のものとなり、いまは悲観的になって、疲れ切っている母親の心情が明らかになってきた。転居してからは世間体が気になって引きこもり、近所付き合いをまったくしていないという。母子ともに同じような心境であることが浮かび上がってきた［第一三回］。

母子ともに抑うつ的になる

この頃、処方薬の変更によって少し明るくなったが、自宅では母親に『お母さんの顔がキリッとしているから』と言うなり、乱暴するなど、衝動的行動は続いた。いつも強気な姿を見せていた母親も、抑うつ的になってきた［第三三回］。Q子も、悲しみがどんどんひどくなる苦痛を訴え「薬をくれ」と要求するようになった。抗うつ剤が処方された［第三七回］。すると視線回避傾向が減少し、筆者の似顔絵を初めて面接中に描いた［第四一回］。自宅でも家事を自発的におこなうなど、活動性が高まった。母親もこの変化を喜び、家族で旅行に出掛けられるまでになった［第四四回］。

母子関係は危機的状態へ

第六〇回、開口一番『悲しいの』と訴えるので、その理由を訊ねると『お母さんがキリッとしているから』『いい顔しているのよ』『(母親の顔を見ると)どうしても悲しくなるの』『普通の顔(がいい)』『お母さんの顔が特にきれいすぎるわ』『悲しいところを全部消してもらったらいい』と、珍しく畳みかけるように語った。自宅でも母子間の緊張が高まり、母親は『いつも胃が緊張しているのがわかる』と言うほどに気弱になった。次回には自宅で『お母さんの言い方がバカ。お母さんの言い方がよすぎるから。やさしすぎるからバカ』と母を怒鳴り散らし、『明日、一人で行って来い!』と母親を罵倒し、ついに外来通院を拒否した[第六一回]。母子関係は危機的状態になっていった。

母親の過去の回想

この頃になって母親は、自分の過去を振り返り始めた。特に、青年時代にいかに容姿にこだわっていたかを得意気に語る母親の姿は、とくに印象的であった。

[高い自我理想とやせ願望] 母親は独身で二一歳の頃、朝は何も食べず、昼もパンのみ、夕食だけ普通にとってやせることに努めていた。一時ひどくやせて無月経にまでなった。小学校時代はガリガリにやせていて、二〇歳を過ぎた頃から急に太りだした。背が高いので太っていると言われなかったが、きれいになりたくて頑張ったと誇らしげに語った[第六四回]。ダイエットをしていた頃を思い出して、当時(昭和三十年代前半)は食料事情もきわめて悪かったため、主治医から『こんなビタミン不足の時代にこんなことをやるのは馬鹿だ』と言われた。友人から『あなたは一所懸命やるのね』と言われたことを思い出して、自分は何事にも一所懸命やる性分で、学校行事にはすごく熱中してしまう。自分の持つもの以上のことを人に見せようとするところがあるといい、いままで「努力」を座右の銘にして頑張ってきた、と語るのだった。母親自身、いまの娘と同じ頃、高い自我理想を抱き、容姿に囚われてやせ願望が強かったことが明らかになった[第六六回]。

[母親の失意体験] 母親は娘にも大きな期待をしていた。娘はみんなからもうらやましがられる存在で、期待の

星だった。だからこの子の行動がいつも気になってしまい、なにかあるとすぐに反応していた〔第六八回〕。しかし、このような充実した時代も、父親の死によって急変してしまったと力なく語るのだった。

こうして母親は、自分の失意体験を語れるようになり、みずからの生い立ちも述べるなかで、B市には中学から結婚するまで住んでいたこと、祖母は社交的な人でみずから商売を営み、男まさりで商魂にたけて、口八丁、手八丁のやり手だったというのだった。このような祖母に育てられた母親が高い自我理想を持つに至ったことは、容易に想像できた。そんな環境で育ち、娘にも大きな期待をかけてきた自分がいまのような境遇にいることを容易に受け止めることが困難であったのであろう。

次回、母親からQ子がメンソレータムのナース像を気にしなくなったことが語られた。Q子は第六一回から筆者に直接会うことを避けていたが、第七〇回から再び会うようになった。

Q子の心理的外傷

まもなくQ子は、過去の心理的外傷体験について語り始めた。

『高校二年のとき、みんなの顔がキリッとなって、わたしの顔だけだらっとなってきて、みんなの顔を見れなくなったの。○○さんの身体つきが気になり、だんだん見られなくなってきた』《どんなところか》『○○さんの胸が大きくなったところ。体育の時間に〈見えたから〉。自分の胸は中くらい』《大きくなったらいいなと思ったの》『そんなことなかったよ。ちょっとつらいな。悲しくなった』とまで、自分のそのとき受けた気持ちを話すのだった。

この後、母親に面接内容を伝えると、母親は『○○さんはやさしい人で、美人ではなかったが、急に女らしくなって輝いて見えだしたのだろう。とてもいい子だった。○○さんの胸をどついたり、叩いたりしていたが、彼女はそれでもこの子にやさしくしてくれた』『高校二年のときは、この子は友人と学習のことに没頭していて、母の存在をあまり頼っていなかった』『高校一年のとき、父が入退院を繰り返し、わたしは看病に専念していた。この子の思春期の不安を支えてやれなかった。わたしは当時そんな必要を感じる余裕がなかった。娘のこころの不安よりも、学習の手伝いや指導をしてやっていた。高校三年の秋に、父が死亡した。そのとき、この子に目立った反応はなかった。わたしはこの子の学習指導に賭けていた。……父の病気の発病の数ヶ月前に人間ドックに入ったときに「どうもない」と言われていたのに……悔やまれる』と、涙ながらに切々と当時の思いを話すのだった［第七六回］。

すると驚いたことに、まもなくぎっしりと書き記した四枚のメモに、体育の時間に○○さんの身体を見てショックを受けたことを書いて差し出した――「いつからそうなったかというと、A市にいて高校の体育の時間○○さんの体が大きいのを気にして、バレーボール、バスケット、ボール、水泳があったときから、人の体つき気になり始めたのです」。さらに次回には「（悲しみが続く）理由は、わたし小さいときからいままでずーっと、こころも精神も不順で、わたしは昔からずーっと障碍があって、何となくわたしは幼ちくさいような頭で、勉強もまだきちんとできてなくて、目もおかしく見え、まゆ毛も下がっておかしくて、A市のとき、高校一年～三年まで障碍研（障碍児のための特別編成学級）に入っていたから」と、高校に入学したときに受けたショックを記したのである［第七八回］。

母子双方が影響し合っていることの気づき

その後、母親は、いま住んでいる地域の閉鎖性を嫌い、母自身は引け目を持っていて内輪の話をしたくないと述べ、この子の小学生時代は将来を期待されていたので、娘のプライドも高く、気も強かったこと、でも、努力したのに報われなかったため、いまは外出するときはとても緊張してこわい、というのだった。『この子が緊張するのも、わたしのせいかも。……ひとりで外出するときも緊張する。ここに来てからこうなった』と、自分の気持ちと娘の気持ちがどこかで影響し合っていることを感じ始めている様子だった。

母親の喪の作業

転居後のそんな母親の変化をQ子は『母の姿が恰好よすぎたり、きりっと見えて、わたしに合わない』『ここに来て一年経った頃から、母の言葉がどんどん悪くなってきている』『ここに来て、わたしも母も少し悲しかったと思います』と表現するまでになった。

このように、母子ともにB市へ転居後の失意を次第に言語化するようになったので、筆者は母親にQ子が面接で語った内容を伝えると、母親は『(わたしは)現在、ストレスが激しい。神経質なところが増えた。昔のように大きく構えていない』と、現在の心境を率直に語り始め、自分は体調が悪く、ひどい食欲不振に陥っていると述べるのだった［第八三回］。

次回でも母親は、現在のつらさを語るなかで、誰も相談相手がいなくて心理的に孤立した状況にあることが明らかになった。さらには、自分は思春期の頃とても潔癖な性格で、独身時代、極度なダイエットをしたことや、そのような気性は自分の母親の影響が強かったことを語り出した。思春期から肉感的な人には不潔感を抱き嫌悪していて、いまでも、乳房が大きな女性を見ると嫌になる。だからQ子は自分のことを「お母さんらしくない」と思っているのだろう、と内省するのだった。

こんな自分になったのは、Q子が中学三年時、A市からB市に転居してからだと振り返り、当時から現在まで、Q子は『B市に来てから、お母さんは変わった』と盛んに言うようになった。A市では開けっ広げだったのに、B市に来てから周囲にどこか気どらざるをえなくなり、現在までそれを引きずっているというのだった［第八四回］。

Q子の回復

驚いたことに次回のセッションでは、Q子は『買い物、好きになったわ』と突然、快活に母親に語り始め、いっしょに買い物に行くようになった。面接でもQ子は、明らかに以前より明るく活動的になった［第八六回］。その後も、母親は過去を回想し続けた。

自分はすぐに屁理屈を言って自分を素直に認めないところが強いが、夫がいたときは彼が自分をずいぶん柔軟にしてくれたと思う。夫の病気はショックだったが、ずっと看病したので大きなショックはなかった。

夫が死んだ後、喫茶店を開こうと思ったので、車の免許と調理師の免許をとった。当時はこのように行動力があった。娘の仕事も学校の先生と一緒になって懸命になって探したという。

さらに、母親は二〇歳の頃結婚前に花嫁修行で洋裁学校に通っていた。スタイルがよく目立つ存在だったので、学校でモデルをした。校長からも期待される存在だった。そのためやせを追求していた。結婚してからは娘には手作りの洋服をいつも着せてやった。役員もやりスーパーウーマンだったと言う。筆者が母親の苦労に同情の念を示すと、「でも人が思うほど、自分は苦労してきたとは思っていない」とすぐに反論するという一面は、相変わらず残っていた。そのことを伝えると、夫の存在の有り難みをつくづくと思い出す様子だった。いまの住まいには三十年ぶりに帰ったが、周囲に親戚がいてつらい、過去の栄光が邪魔している、いまの姿を知られたくない。いつも誰かがそばにいてがんじがらめにしばられているような思いだと、いまの自分の救いようのない心情を率直に語り、涙にくれながら、自重気味に『わたしって、かわいくないですね』と述べるのだった【第八九回】。

母子ふたりは一心同体

すると次回、Q子は、それまでかたくなに拒否していた採血に対して、メモに「痛くないようにしてもらいたい。血を取るときは」と記し、初めて採血を自分から受けると言い出した。この契機となったのは、前回、歯の痛みを訴えるQ子を筆者が勧めた歯科医院に母親が連れていき、そこで娘のことを素直に担当医に説明できたことで、母親も安心し、Q子も不安緊張が和らいだことが関係していると推測された。興味深いことに、この歯科受診の直後からQ子は二日間、激しい腹痛を訴えていたということもわかった。しかしその後、腹痛も治まり、自分から採血を受け、それまで見るのを拒んでいたテレビドラマを自分から見たがるようになった。

さらに、通院のためにバスに乗ろうとした際に、母親が年寄りに順番を譲るように伝えると、初めて素直に席を譲ったという。そんなQ子を見て母親は『ひとつのハードルを越えて自信をつけたようだ。私もうれしい』と述べ、こんな母子の変わり様をみずから『（ふたりは）一心同体だと思う』と表現するのだった【第九〇回】。

以上、数年間にわたる長期間の治療経過を述べたが、経過を振り返ってみたとき、この事例から学ぶことは多々あることに気づく。

醜貌恐怖発症の直接の契機

Q子は学童期から化粧に強い関心を示していたが、彼女が容姿に囚われるようになった直接の契機は、高校二年時の第二次性徴にまつわる心理的外傷体験であった。当時唯一の友だちであった女子生徒が自分より先に第二次性徴を迎え、彼女の膨らんだ乳房を見て、強いショックを受けている。元来プライドの高い彼女が高校時代、特殊編成の学級に入れられたことにショックを受けていたこととも相まって、このときを契機に強い容姿コンプレックスを抱くようになったのである。

日頃から容姿への強い関心を持っていたQ子が、人一倍、第二次性徴の発来を願っていたであろうことは容易に推測されるし、もっとも身近な友人に遅れをとったことは、Q子自身に相当に強い心理的ショックを与えずにはおかなかったのであろう。ここで興味深いのは、そうした外傷的体験を治療経過中に手記の形で自分から赤裸々に語っていることである。

前思春期の不安――第二次性徴をどう受け止めるか

思春期を前にした（前思春期の）子どもたちは、第二次性徴という身体的変化を余儀なくされ、それをいかに自分のもととして受け止めながら思春期という発達期を送っていくか、誰にとっても大変な課題である。それまでの自分から新たな自分へと脱皮していかねばならないのであるから、そこで引き起こされる不安は、それまでに経験したことのない大変なものである。とりわけ女性においては、その変化が誰の目にも露わになりやすいために、より深刻化しやすい。

母親自身の性同一性を巡る葛藤

ただ、Q子の不安がこれほどまでに深刻化した背景として考えなくてはならないのは、Q子の身体や容姿への過度な囚われが何によって生まれてきたか、ということである。つまりは、Q子の価値観がどのようにして獲得されてきたのか、という問題である。

経過のなかで明らかになったように、母親みずから身体像への強い囚われをもち、思春期に極端なやせを追求していたことが語られている。母親の青年期は昭和三十年代前半であったが、まだ、いまのような飽食の時代とは異なり食料事情はさほど良くなかったため、当時の母親の極度なダイエットは、珍しかったのであろう。主治医が言ったようにじつに「馬鹿げた」行為と映るものであった。このような行動の背景には、思春期での女性らしさである性同一性の獲得をめぐって、強い葛藤がはたらいていたのである。いまもなお、乳房の大きな女性を見ると嫌悪感をいだくという母親の心理は、そのことを裏づけている。

このような女性像にかかわる母親の価値観が、日々の生活でQ子の心理に深い影響を与えたであろうことは、子どもの頃からはっきりとした目鼻立ちの女性の似顔絵を上手に描いていたことや、学童期から化粧に強い関心を示していたことからうかがうことができる。

前思春期不安を吸収してくれる存在の欠如

前思春期に起こる情緒的混乱にまつわる不安が吸収されるためには、身近な親、とりわけ母親の存在が不可欠である。Q子の例でも、心理的外傷体験を受けたこの時期、母親は急病で倒れた父親の看病に忙殺され、なおかつQ子に対してはそれまでと同様に、学習の援助をおこなうことに精力を傾けていた。このような要因が重なって、この時期、Q子の不安は吸収されることなく、その後も存続していったと思われるのである。

母親の高い自我理想の起源

母親自身の生い立ちから浮かび上がってきたのが、自分の母親（Q子の祖母）の存在の大きさである。男勝りで商魂にたけた万能的母親に育てられたことから、母親が自分の母親のようになるべく努力し、高い自我理想を抱くようになったのは容易に想像できる。母親は「努力」を座右の銘としながら、周囲からも期待された娘に自分の夢を託し、懸命に娘の学習援助を続けたのも、当然の成り行きであったのかもしれない。

母親の挫折と喪の作業

これまで懸命に努力してきた母親にとって、夫の病死と娘の失職は、大きな挫折体験となり、失意のうちに故郷に戻っている。筆者がおこなった母親面接の中心的テーマは、母親自身の喪の作業に対する心理的援助であった。

それは、娘と自分を理想の姿を通して見るのではなく、あるがままの姿を受け止めることができるように手助けすることであった。Q子がいみじくも語ったように「実家に帰ってから変わった」母親に本来の姿を取り戻してもらうことでもあった。

母子の心理的なつながりの回復

面接はかなり難渋したが、次第に、母子関係に心理的なつながりが生まれていった。これまで高い自我理想のもと、懸命に肩肘張って生きてきた母親ではあったが、自分の気持ちと娘の気持ちがいかに深いところで繋がっているかを実感するにつれ、次第に肩の力が抜けていった。Q子の容姿への囚われも次第に緩和し、母親に対してこころが開かれ、素直な一面を表すようになっている。こうして初めて（と言ってもよいような）母子間に心理的な深いつながりが生まれていった。それは母親の実感として語られた「一心同体」そのものの体験だったのである。

まとめ

ＡＳＤの成人女性に対する精神療法として、筆者にとって非常に学ぶことの多かった事例であるが、それは単に発達障碍の問題ではなく、母親の摂食障碍という病いがいかに「関係の病い」であるかをとてもよく教えてくれるものでもあったからである。本書で三歳二ヶ月のＦ男（二一一－二二二頁）の治療の報告も記載しているが、このふたつの事例を通して〝関係〟に焦点を当てた精神療法がいかに多くのことを総合的に見通すことのできる治療かが、よくわかるのではなかろうか。

昼夜逆転と引きこもりを呈した女性

二六歳（在宅、施設通所）Ｒ子（大学病院精神科外来、精神科クリニック）

知的発達水準　中等度遅滞

主　訴　引きこもり

家族構成　両親と父方祖母、Ｒ子の四人家族。同胞には二歳下に妹がいるが、いまは大学生で単身生活を送っている。Ｒ子は数年前まで知的障碍者通所施設（就労移行支援事業）に通っていたが、現在は自宅に引きこもった状態で在宅生活を送っている。

生育歴と現病歴　乳児期は発達も早く、一歳頃には二語文を話すほどで経過は順調だった。しかし、三歳時、点頭てんかんの発作が出現。以来、ことばが次第に減少し、精神発達全般にわたって停滞がみられるようになった。五歳のときには発作のコントロールが困難となり、四ヶ月ほど、てんかんセンターに入院した。さらには、九歳で発作が増えたため、薬物療法を調整したこともある。

それでも学童期・思春期はそれなりに学校にも適応し、普通教育を受けていた。中学三年時、両親はＲ

子の将来を考えて特殊教育（今の特別支援教育）に変更した。その後、養護学校（今の特別支援学校）高等部を卒業し、無事、就職することができた。仕事内容はスーパーマーケットの野菜パック詰め作業であった。一年あまり働いたが、仕事のペースについていけず、解雇となった。その後まもなく、知的障碍者通所施設に通うことになり、作業に従事するようになった。

もともと確認などの強迫行動は目立っていたが、しばらくは施設に毎日通っていた。しかし、およそ二年前、突然、通所できなくなり、昼夜逆転、無気力となり、一日中布団の中で眠るような状態になった。食事、入浴、着替えなどの基本的生活習慣も難しくなった。近隣のふたつの精神科診療所や、てんかんで通院している病院で相談したが、「精神病の手前だ」「知的障碍がベースにあるので療育を」「このような症例を経験したことがないのでわからない」「本人が動かないものを無理矢理どうこうはできない」などと言われ、治療を引き受けてくれるところはなかった。

昨年、近隣の精神科診療所の紹介で精神科病院に一ヶ月ほど入院したところ、病棟では入浴も可能になり、生活リズムももとに戻ったが、退院後、自宅での生活になると、以前と同じ状態に戻ってしまった。この入院をきっかけに本人は、自宅にいるのが嫌なのか「施設に入る」と言いだしたので、知的障碍入所施設を見学したが、施設側から断られた。

いよいよR子と家族は追い込まれ、孤立した状況に陥っていった。そのような状況で通所施設の職員から筆者に相談があり、治療を引き受けることになった。

初診時の状態

長身だがやせている。怯えているのか、表情は固く、困惑気味で生気に乏しい。面接中、筆者の方に視線を向けてじっと瞬きもせずに見つめている。緊張も強いが、相手をしっかりと見ることによって様子をうかがい、自分なりになんとか応じようと努めているようにみえる。

やりたいことはないかと訊ねると、『仕事をしたい』という。このときばかりはことばも明瞭で強く自分の意見を述べている。発語は比較的明瞭で聞き取りやすい。ただ、断片的な話し方で、訊ねられたときに初めて反応する程度である。質問には嫌がることなく素直に応じている。しかし、入浴などがどうして嫌なのかを訊ねても、判然とした反応は返ってこない。何かをしたいという欲求を特に主張することはなく、困惑している印象が強い。

一日の生活の流れを聞くと、○時△分起床などと時間をはっきりと述べる。時間がＲ子の生活においてひとつの枠組みとしての意味を持っているのであろうか。それとも関係するのか、診察室でも壁に掛けてある時計をじっと見つめていたが、自宅でも応接室で時計をじっと見つめていることが多いという。時間の経過を針の動きで確認しているかのようにさえ見えるほどだという。

治療経過

第二回（初診の一週間後）　Ｒ子の全身の動きがあまりにもぎこちなく、薬物の副作用も疑われたので、前医に処方されていた抗てんかん薬のみ継続し、抗うつ薬と抗精神病薬はすべて除去した。その結果、多少なりとも動きや発語は改善し、コミュニケーションがとりやすくなった。

母親の話で、日常生活のなかではいろいろなこだわり行動が認められることがわかってきた。母親の一挙手一投足にずっと注目し、母親がお茶を注いでいるときに一滴でもテーブルの上にこぼしたりすると、遠くで見ていてもすぐにかけつけて、布巾でこぼれたお茶を拭き取る。食事で、一口食べると口の周りに物や汁がつくのを嫌って、食べるたびにティッシュペーパーで拭いている。父親はこだわり行動をひどく嫌って止めさせようとするが、母親はさほど神経質にはなっていない。そのため、こだわりがエスカレートして深刻な状況になるまでには至っていない。

昨年、家族で北海道に旅行した日や大みそかの新聞を後生大事に持っている。つい最近まで入浴も着替えもしなかったが、父親の実家に帰ったときには入浴も着替えもしたという。しかし、家に帰ってきたら途端にこれまで通りしなくなった。以前入院したときの一時的改善と合わせて考えると、どうも両親とR子のみで自宅にいることが、引きこもり状態と強く関係していることが推測された。

この日の面接の途中で突然受付の女性がドアをノックしてカルテを持ってきたとき、ひどく驚いた表情を浮かべ、じっと目を凝らしてその女性を見つめていた。ノックの音へのあまりの敏感な反応からR子のこころ細さないし不安感はきわめて強いことが想像された。

第三回〜第六回　以後数回の母親面接で気になったのは、母親が面接中いつもノートを取り出して筆者の話を聞きながら盛んにメモをとっていることだった。筆者の話を細大漏らさず記録していたのかもしれないが、筆者はどことなく、自分が母親に回避されているように感じ、こちらの気持ちが通じるだろうか気になっていた。そこで、筆者はこのことをとりあげてみた。すると母親は即座に『忘れやすいからです』と、あっけらかんと答えた。筆者は《そんなに懸命にメモをするほどの内容でもないから、気軽な気持ちで聞いてください》と助言した。母親自身は、他者と直に気持ちが触れ合うような関わり合いをどこかで回避しているところがあるのではないかと想像された。母親の筆者に対する構えには、どこかぎこちない硬さが強く感じられたからである。

その他、気になったのは、母親の話す早いテンポだった。日常生活でもてきぱきと動き回る人だろうと思われた。R子のいまの動きのテンポからすれば、母親はいつもいらいらしながら付き合い、どうしてもR子をせき立てるようになりがちになっているだろう、と容易に想像できたので、そのことをとりあげてみた。すると、R子も元気だった頃は自分から好き嫌いをはっきり言っていた。でも最近はR子が何事でもぐずぐずしてなかなか行動に移せないので、つい母親が代わりにやってしまう。すると、あとで自分からやり直すことが多い、ということが語られた。ここに母親の干渉に対するR子の拒否的な感情が表れていることが考えられた。

R子のぎこちなくゆっくりとした動きは、〈アンビヴァレンス〉ゆえの葛藤が深く関係していることが考えられたが、それを助長させているのが母親の「先取り的な関与」ではないかとも思われた。そこで筆者はこのことをわかりやすく説明しながらも、この時点では、母親に具体的に指示することは控えておいた。いまそれを要求するのは無理があると判断したからである。

それでもR子は食事を一、二回とるようになった。ただ入浴はまだ困難であった。

第七回　先日、母子ふたりで近所のスパに出かけて久しぶりに入浴ができたことが母親から報告された。自宅の風呂には入らないが、外出して母子ふたりで入浴することが可能になったという。

一人暮らしをしている妹が大学院合格の報告のために帰宅した。その日はお祝いをした。するとR子が『自殺したい、死にたい』と言い出した。包丁を手に取って自分の胸に当てて訴えるが、いかにもぎこちない仕草で、そこには演技的な印象が否めなかったという。母親はこのときのR子の行動の背後に「自分にもっと注目してほしい」という気持ちが感じられたという。

さらに、母親がR子のことを『R子ちゃん』と呼ぶと、R子は即座に『R子だよ』と言い直させるということも報告された。ただ、このことめぐって母親と話し合っていると、母親はR子の主張を「大人扱いをしてほしい」のだと受け取っていることがわかった。筆者は母親に対するR子の思いには強い〈アンビヴァレンス〉がはたらいていることを考えていたので、母親に次のように説明した。

たしかにR子の主張を文字どおり解釈すれば「大人扱いしてほしい」ということであるが、それは、R子自身がみずから「大人のように振舞いたい」との気持ちから発せられたものではなく、「そうしなくてはならない」という思いが強くはたらいていたからではないか。母親も感じとっているように、R子には母親に対して「甘えたい」という強い思いがあるが、いざ甘えようとすると、それを引きとめる思いがはたらき、身動きがとれなくなる。このような〈アンビヴァレンス〉ゆえの結果が、R子の引きこもりとなって表れているのではないか。

さらに筆者は母親に「大人扱いしてほしい」と感じられるようなことが他にあるか、と訊ねると、思いつかない様子であった。「甘えてはいけない」という思いは、常日頃からの母親のR子に対する自立を促すはたらきかけによって、いつの間にかR子のこころのなかに強く刻まれていたのではないか。そのような思いが、R子の主張に垣間見られるのである。

以前からR子は、母子ふたりきりのときに強いこだわり行動が目立つことは語られていたが、このこだわり行動の増強は、R子が母親と面と向かうことによって〈アンビヴァレンス〉が強まる、その結果の表れなのであろう。R子には母親に甘えることに対して強い罪悪感が生じているのだ。R子が盛んに母親といっしょに外出したがるようになったのは、少しでもそうした〈アンビヴァレンス〉を弱めるための行動ではないかと推測されたのである。以上のことを、母親にわかりやすく説明した。

このような面接を積み重ねていくにつれ、母親は次第に、R子の行動の背景に、いかに母親に対する思いがはたらいているかに気づきやすくなっていった。こうして少しずつではあるが、母親はR子の不可解な行動を、みずからの関係のなかで捉えることができるようになっていったのである。

第八回　入室するなり母親は、メモ帳をバッグから取り出し、筆者がまだ面接の準備も終わっていないにもかかわらず、すぐにこの一週間にあったことを報告し始めた。相手の動きに同調するのが多少難しいところのある人ではあったが、このときの母親は、まるでうれしいことがあったとき、居ても立ってもいられずに息を弾ませて母親に報告する子どもの姿を彷彿とさせるものであった。

そこで筆者は、家庭でのR子の様子を聞きながら、母親といっしょになってR子の気持ちを考えていくことにした。そこで初めて浮かび上がってきたのが、新聞読みと時計凝視という奇異な行動の背景にあるR子の気持ちであった。新聞を見ながら顎を新聞に当てて、時計をじっと見つめている。その際、首を激しく横に振るというのである。このような行動を盛んに繰り返す。この奇異な行動は、両親ともにいる際に目立つ。父親はそれをとても嫌がり、止めさせたくて仕方ないのだが、母親はR子の行動の背後に「自分の方をもっと見てほしい」という気持ちを感じとっている。でも母親はどのように対処したらよいのか、止めさせた方がよいのか、筆者に訊ねるのだった。

そこで筆者は《具体的にどう対応したらよいかは難しいが、いまはR子の気持ちがどんなところにあるのか、いっしょに考えていきましょう》と伝えた。なぜなら、R子は母親との関係を求める気持ちがとても強くなっている大事なときである。母親への甘えが強まると、〈アンビヴァレンス〉が刺激されることによって、奇異な行動が一時的に激しくなることはよくあることである。そのような表に現れた現象に囚われることなく、この変化を肯定的にとらえていくようにと助言した。《いまは、R子の気持ちを感じとって、さり気なく対応するようにこころ掛けてほしい》とも付け加えた。母親には「何かしなければならない」との思いが強まっていることが考えられたので、そのことを考慮して、R子の動きに応じる程度の気持ちで接すればよいと強調しておいた。

第九回～第一〇回　この日、面接室に入る前に、女性セラピストが遊戯療法室に行こうと誘った。R子はすぐに行こうとしたが、母親が筆者に何かを訊ねようとした。そのことでR子は、どうしたらよいか少し困惑の反応を示していた。母親はそれに気づかないだけでなく、戸惑って立ち止っていたR子に対して『どうしたの？　行かないの？』と促していた。このような場面に、日頃から母親がR子の細かなこころの動きを気付かないままにR子にいろいろと行動を促しているのではないかと想像された。

このことをとりあげてしばらく考えてもらおうとしたが、母親はこの一週間に中学から高校の頃の昔に住んでいた町に久しぶりに出かけたことを、筆者に一時も早く報告したそうな様子であった。この日同席していた父親が、最近の母親の様子を『この頃、おまえはテンションが高いよね』と指摘する。母親自身はその変化に気づいていない。筆者からみても明らかに元気になって、筆者に少しでも早く報告したそうにしていた。R子よりも母親のほうが子どもに返っているのではないか、と思われるほどだった。母親はR子の行動面の変化を、肯定的に受け止めるようになってきたのである。

第一一回　母親が何かをしていると、必ず近寄ってきて、何をしているか、何をしようとしているのか、どこに行くのか、などと訊ねてくるという。母親はR子の「何かをしてほしい」という気持ちの表れではないかと思っている。しかし、いざ何か世話をしてやろうとすると、『もういいです』と、それ以上の関わりを避けている。ここにも、R子の〈アンビヴァレンス〉がいまだに強くはたらいていることがうかがわれた。

母親は頭ではR子の〈アンビヴァレンス〉に気づいて理解しているが、R子に「何かをさせなければ」という誘惑にかられるという。このことが、R子の母親に近づきたくても、容易に近づけない〈アンビヴァレンス〉をいまだに強めているひとつの要因ではないか。《R子に直接何も言わず、「そのままでいいんだよ」と対応することができるようになればよいですね》と、さり気なく母親に助言した。

第一二回　母親とスパに出かけて入浴したり、外食していっしょに週に一、二回食事をすることが、定例化してきた。この日、母親自身の日常生活を詳しく聞いたところ、R子の世話がこれほど大変なのにもかかわらず、なぜか六年前から、近所の学校で学童保育の世話係を買って出て、週に数回出かけているということがわかった。四六時中R子と面と向かう生活は、母親自身にとっても大変で、気分転換としての活動ではないかと想像された。

第一三回　幼児期の思い出を語ってもらった。右向けと言われたらずっと右を向いているような子どもでとにかく素直な子だった。反抗期もなかった。母親自身も素直で反抗期はなかったという。子どもの過去を振り返りながら、自分の子ども時代と重ねて語る姿が印象に残った。

第一四回　昼夜逆転が改善した。朝起きるようになった。その契機となったのは、前回のセッション終了後いつものように、昼食をとるために診療所近くのレストランで母子いっしょに食事をしたときの出来事であったという。

二週間ぶりにそのレストランに入って食事をした。いつものようにR子はゆっくりと二時間ほどかけてほぼ全量、食べていた。R子はまだスープを残していたが、母親は先にレジに行って会計を済ませるからと言って席を立とうとすると、R子は母親に、自分の傍に居てスープを飲むのを見ていてほしいと要求したというのである。母親は夕方に祖母の世話があるので会計を済ませるからとR子に伝え、レジに向かった。すると、すぐに走って母親を追いかけ、母親の手を引っ張ってスープを飲み終わるまで傍にいてと執拗に要求した。母親は次の予定があったので、先に外に出て行こうとした。R子は再び母親のもとに戻って、いっしょに居るように要求したが、母親は堪え切れずに出て行ってしまった。仕方なくR子も付いてきたが、電車に乗っているあいだ、ずっと『もどろうよ、スープ飲むまで』と言い続けていた。母親はR子の繰言を無視して乗っていたが、電車から降りると、そのことは言わなくなったという。このエピソードは、R子が母親に対して明確に自分の気持ちを押し出すことができるようになったことをうかがわせるものであった。

そしてその翌日、驚くべき変化が起こった。昨日昼までずっと寝ていたR子が、朝九時頃に起きていた。そしておやつを食べて、昼には食事をするまでになった。時間はかかるが、二回分の量を摂っていた。その後もパンやおやつを食べていた。じつはその数日前にR子は、夕食を夜中一二時頃おもむろに数時間かけて食べていた。しかし、夜中に動き回るため、祖母が眠れないと訴えだした。R子はそのことを注意されてから、夜中の食事をしなくなった。そのかわりに、朝起きて食事をするように変わったという。さらに盛んに母親に、外出しようと要求するようになった。これまではスパや外食が目的であったが、図書館、水族館、さらにはさまざまなイベントがあると行きたがるようになった。俄然、活動的になってきた。しかし、行った後には決まって『面白くなかった』と感想をもらし、時に『死にたい！』と、再び包丁を胸に突き刺しながら訴えることもあった。母親はせっかく連れて行ったのに、そんなことを言われて正直うんざりしたというが、するとR子は『入院したい！』と訴える。母親はその言葉を真に受けて、筆者に以前入院した病院に連れて行こうと思うとまで言い始めるのだった。

Ｒ子の自己主張が明瞭になってきたが、そのことの心理的意味について、母親はいまだぴんと来ない様子である。『入院したい！』はＲ子の母親に対する挑発的な言動であって、入院したいと本心から言っているのではないのだが、母親は字義的対応をしてしまう。まだまだ母子間の「負の循環」は生まれやすい。母親にこのことをわかりやすく説明した。

第一五回　前回の翌日の土曜日、テーマパークに行きたいと言ったので、急きょ行くことにした。幼児向けのコーヒーカップなどに母子いっしょに乗って楽しんだ。『ずっとここに居たい』と言うほど、Ｒ子は楽しんでいた。このことを報告するときの母親の声は弾み、いかにもうれしそうで、母親自身も子どものようであった。

この一週間、以前より少し早くなったＲ子の夕食を、母親はずっと付き合うようにこころ掛けた。その後、母親も途中で眠くなったので、『先に寝るよ』と言って席を外しても、Ｒ子は特に抵抗せずに受け入れた。こうして生活リズムはほぼ通常に戻っていった。ただ、いまだ両親といっしょに食事をすることは困難であった。それでもＲ子の食事の摂り方は独特で、ある意味を持っているのではないかと感じられた。それは以下のとおりであった。

通常、食卓に両親と祖母、そしてＲ子四人が座るが、母親とＲ子、真向かいに祖母、その隣が父親の席であった。もちろん、父親と祖母は席についていないが、Ｒ子が食事をするとき、母親は左隣に座って付き合っている。茶碗と汁、そしておかずが置いてあるが、ご飯を一回口に入れると、父親の席にその茶碗を置き、ついで汁を吸っては茶碗を父親の席に置く。そしておかずを口に入れ、父親の席へ。今度は父親のところにおいたご飯茶碗を取って自分の口に入れて自分の席に、ついで汁、おかず……と。このような順番で食事をしていくが、このような食べ方を見ていると、まるで父親といっしょに食事をしていて、Ｒ子は父親と自分の「ひとり二役」を演じているようにさえ見える。

もともとＲ子は、父親に対して肯定的な気持ちを持っていた。自分の行動について父親が怒ったり注意したりしても、反撥せず自分では納得しているところがある、と母親は言うのである。つまり、すでにこの時点でR子と両親とのあいだで会食がおこなわれているともいえる関係が芽生えていたのであろう。ではなぜ、直接、両親といっしょに食事をすることには抵抗があるのか。直接面と向かって相対することにはいまだ強い緊張があるからなのであろう。それほど〈アンビヴァレンス〉は強いことがうかがわれたのである。

このような変化のひとつの要因として、筆者が母親におこなった助言がある。《R子の気持ちを考えて、食事のときには付き合ってほしいけど、そばでじっと見ていると互いに気になって仕方ないので、そのとき母親は手仕事か何かをやっている、くらいのほうがよいと思う。どうしても眠くなったら、正直にそのことを伝えて先に寝てもよい、あまり気負ってやらないように》と前回母親に助言しておいた。それを母親は素直に実行していたのである。この日の最後に、R子に会って何か不安なことや希望はないかと訊ねると、はっきり『ない』と言っていた。数回前に入院したいと頑なに主張していた姿は消えていたのである。

第一六回～第一七回　夜中にR子が食事を始めると、終わるまでに数時間かかるが、母親は最後まで付き合わずに先に寝るようにしているという。そんなことが自然にできるようになってきた。R子のこだわり行動にも大きな変化が起こっていた。これまでは、日常使っていたスリッパなどを汚れたから買い替えようと思っても頑なに拒んでいた。そんなR子であったが、最近それを提案したら、すぐに頷いて、母親といっしょに買い物に出かけるようになった。メガネも買い替えに行った。スリッパは父親と買いに出かけた。

R子のこだわり行動が減っていった大きな要因に、母親にR子の変化を素直に肯定的に受け止めることができ、R子との関係の変化を実感でき、心底うれしい気持ちが強まってきていることがあげられよう。そのことが面接でもひしひしと感じとれるようになってきた。

この頃の母親は、ずいぶんとR子に忍耐強く付き合えるようになっていたが、時折、迷いを口にしていた。筆者は、母親が学童保育で昼間出かけることについて、それがR子にとってどのように映っているかをいっしょに考えながら、そろそろR子としっかり向き合うようにと母親に覚悟を迫った。母親は黙って聞いていた。

第一八回　前回の面接の影響からか、母親も開き直ってとことん付き合う気持ちになれたようだ。すると、母親は喉が痛い、熱感を訴えるようになった。発熱はなかった。子どものこと、夫のことなどいろいろと考えるようになって、頭のなかが忙しくて眠れなくなった。不眠を訴え始め『わたしのほうこそ、薬がほしい』と、筆者に睡眠薬を要求した。さらに、下痢がこの一ヶ月続いているという。排便はこれまで規則正しかったのにともいう。これまで保ってきた心身のバランスが揺さぶられた結果、心身症反応が起こったのである。そのせいであろうか、母親の表情はより自然になり、近づきやすい印象を受けるまでに変化した。母親の心身症反応はその後まもなく消退した。

第一九回（初診からおよそ五ヶ月経過）　母親が、これまでのＲ子を育ててきたことを内省するようになった。『娘をこれまで「いろんなことができるように」と頑張らせてきたけど、良くなかったんでしょうかね。たとえば、漢字を覚えたら世界が広がるのではないかと思って、一所懸命に漢字を教えてきた……』。

まとめ

母親は常に娘のためによかれと思って世話をし続けてきたのであろうが、そのことが娘の〈アンビヴァレンス〉を強めていたことがよくわかる。筆者はさりげなく、事あるごとに母親にそのことを伝えながら、こちらから「何かをさせよう」と思わなくてもよいことを伝え続けた。

治療過程での最大の山場は、第一四回でのレストランでのエピソードである。母親のペースで自分を動かそうとすることに対して彼女は、母親の手を引いてまで自己主張をすることができたのである。このことについてすぐに母親は、その意味を理解することは困難であったが、次第に彼女の意思を尊重するようになったことは確かであった。

その後は、彼女の一見すると奇異な言動に触れても、母親はその意味を理解しようとする姿勢を見せるようになり、面接で筆者に積極的に報告してはいっしょに考えることが増えていったのである。

無いものねだり

三三歳（在宅）Ｓ子（精神科クリニック）

知的発達水準　境界域

主　訴　何事にも被害的に受け止めやすい

現病歴　総合病院精神科外来に通院していた女性であるが、筆者への紹介で治療を開始した事例である。当時から強い強迫性を有し、こちらが何かを言おうものなら被害的に受け止め、すぐに激しい口調で言い返し、それがエスカレートするとパニックを呈するほどで、主治医がほとほと困っての紹介だった。被害妄想状態にあるといってもいいほどであった。

なぜか母親は同伴せず、いつも姉が付き添っていた。母親代わりのような存在であったが、次第にわかってきたのだが、両親とも彼女にはほとほと困り、いまではほとんどまともに相手をせず、親子らしい交流のない状態であった。そのため、母親から彼女の幼少期の様子などは一切聴取できないままに治療は開始することになった。姉もさほど彼女の過去については知ってはおらず、両親が非協力的であることだけは筆者に語っていた。

姉は両親とは別居して独立していたが、近くには住んでいて、通院はずっと姉が同伴で来るほど、妹思いの人であった。幼少期の生育歴は聴取できなかったが、現在の状態は、典型的ともいえる対人関係障碍を示し、アスペルガー症候群と診断することに躊躇することはなかったほどである。

初診時の様子

Ｓ子本人から聞いたところによると、幼児期から、友だち付き合いは苦手で、よく周りの人たちに馬鹿にされ、いじめられるという体験を繰り返してきて、それに対する恨み、辛みは非常に強いものがあった。彼女の被害妄想ともいえるほどに周囲の者に対する被害的な対人的構えは、そのような経験の蓄積によっていることは容易に推測できた。

高校までどうにか進学したが、卒業後は就職もできず、在宅生活を余儀なくされていた。家庭では母親から家事ぐらいは協力するようにと、日頃から口うるさく言われているとのことで、彼女はいつもそのことに対して強い反撥を口にしていた。

Ｓ子患者は他人の些細な言動、特に非常識な振る舞い、他人の迷惑を顧みないような言動に対しては、激しい怒りを示し、筆者に何度も訴えるのが、毎回の面接の主だった内容であった。「こうあらねばならない」という固定的な価値観が頭から離れず、ある種の正義感を持っているともいえたが、自分の言動が他者からみてどうなのかということにはまったく気は回らない状態であった。

当時から、ある男性とつきあっていたが、二人ともコスプレ趣味で、趣味を通した関係のようであった。彼女はこの男性にさほど熱中しているわけではなく、いつも、不満めいた口調で彼のことを語り、付き合いを楽しんでいるふうには見えなかった。

治療経過

彼女の面接での発言は、いつも同じような内容の繰り返しで、正直いって筆者はどうしたらよいものやら、ほとほと困った状態にあった。こうしてしばらく膠着状態が続いていた。彼女の怒りのこもった話を聞くだけで、後は薬物（抗精神病薬中等量）を処方して終わり、という面接が一、二年は続いていた。こちらから意図的に何かをしたという明確な記憶はないが、それでも彼女の精神状態は、少し落ち着きを見せ、居住地域の保健所内のデイケアにも参加するまでになった。

そんな頃、彼女は、異性への憧れとセックス願望を強く訴えるようになった。町中でイケメンを見たり、そんな男とつきあっている女を見たりすると、激しい嫉妬を感じ、その男をぶんどってセックスしたくなるとも言うのである。面接でそんな話がしばらく続いた。こんな話を語るときの彼女の声は、自分ひとりで一方的に語りながらどんどん気分は高揚して、声の調子は強くなるばかりであった。

筆者は見通しも持てず、これからどうなるのか、こころ細い状態にあった。しかし、しばらくして次第に筆者は、彼女の過去のいじめ体験による屈辱感、恨み、悲しみ、怒りなどを考えれば、彼女がこれほどまでに激しい口調でそれらを噴出するのは、当然のことのように思えてきた。

さらに考えてみると、彼女がこのように相手に向かって一方的に激しく言い募る背景には、自分の気持ちを相手に理解してもらいたいという気持ちを持ってはいるが、自分が話すことによって相手が自分の方に心理的に近づき、いわば共感的に理解し合う関係になることに対して、強い恐怖（接近恐怖）があるために、このような独特な言動の構えとなっているのではないかと思えたのである。

このようなことを考えるひとつのきっかけとなったのは、MIUで五歳九ヶ月の女児例での初診時の経験を思い起こしたことであった。その女児は母親に対して回避的行動が目立っていたが、母親自身もこの子を抱え込むことに対して、強い拒否的な構えが垣間見えるようなところがあった。MIUでは手に鈴を持ち、ずっとそれを鳴らし続けて部屋中をうろうろ動き回っていたのである。鈴の音は非常に強くてうるさいものがあったが、筆者はそんな彼女に対して、とても近づくことができずに遠くから眺めているしかすべは無かったが、このとき筆者が彼女のこのような行動に対して感じ取ったのは「彼女は煙幕を張って、敵をこちらに近づけないようにしている」のであろうということであった。鈴を激しく鳴らしながら動き回るのは、周囲の人たちを自分の方に近づけまいとするねらいがあったのではないか。

S子の筆者に対する一方的な話し方も、それと同じような言動として理解できるのではないかと思えたのである。そのように理解することで、筆者は彼女の話を黙って聞き続けることにさほどの苦痛を感じなくなった。頷きながら傾聴するという態度をとれるようになっていった。

そんな面接がその後しばらく続いた。すると、ある時期から少しずつ彼女の話す内容に変化が見られるようになったのである。以前からいつもノートを持ってきていて、自分の発言と筆者の発言を逐一メモしていたが、それまでは筆者から離れて座り、そこでノートを膝の上に乗せてメモをとっていたが、あるときからノートを筆者の机の上に置いて、メモするようになったのである。筆者のすぐそばまで接近するようになったということである。このような変化を筆者は自然な流れのなかで感じ取ったように思うが、それだけ彼女とのあいだには安心できる空気が生まれていたのであろうと思うのである。

さらに彼女の発言内容にも変化が生まれた。『わたしは不幸だ、何もできない、男と付き合っていて幸せそうな女を見るとその彼氏を奪い取りたくなる』と、激しくというよりもやや哀願口調で話すようになり、その後急に小声で『でもわたしにはそんなことは〔実際には〕できない』と付け加えるようになったのである。私は彼女のこのような変化に対して、その場ですぐに《本当はあなたには優しいところがあるんだね》と肯定的に受け止めることができたが、そこで筆者はさらに《あなたは無いものねだりなんだね》と冗談っぽく楽しそうに、そして彼女が深刻に受け止めないように気遣いながら、返してみた。すると彼女は、この筆者のことばを真剣に受け止め、しばし黙ってうなずき、ノートにすぐにメモ書きしながら、いたく納得した様子であった。

すると、その一ヶ月後には『イケメンとつきあうのは嫌になった、やめた』と突然、言い出したのである。それも落ち着いた口調で。まるでつきものがとれたような反応であった。筆者は正直この変化に対して、いい意味で驚きを禁じ得なかった。

さらに一ヶ月後、『昔好きだったグループの歌手のひとりがソロ活動をしていて、その彼を好きになった』と言うまでになった。非現実的で妄想的な願望が影を潜め、それにかわって憧れの対象を身近なところに発見するまでに至ったことが示されている。

さらにはその一ヶ月後、なんと「今夜彼のライヴコンサートに行く」と言って、控えめなドレスを来て、髪型も奇麗にセットして来院したのである。筆者は彼女のこの変化に対して、統合失調症によく見られるような危なかっしさを感じることはなく、とても初々しく好感を持った。次回以後も特に不安定になることなく、通院は続いている。

まとめ

以上の面接経過に見られた彼女の筆者に対する態度の変化を通して、彼女が筆者とのあいだで肯定的な〝甘え〟体験を多少なりともできるようになったことが、その後の劇的な変化をもたらしたものだと感じている。それまでの彼女の被害妄想的な対人的構えは、現実生活で誰一人として彼女にとって味方がいなかったがゆえの必然的な結果としての防衛的態度であったのであろうと思われるのである。

その背景には強い「甘えのアンビヴァレンス」があったことはいうまでもないが、筆者は面接でそれをいかに刺激せず、彼女の〝甘え〟を引き出していくかにこころを砕いていたように思う。それが数年という歳月をかけて、やっと期待した反応を生んだように思えるのである。

筆者はそこで現れた彼女の屈折した〝甘え〟に対して、「あなたは無いものねだりなんだね」と言語化して返している。このことは、彼女なりの〝甘え〟を、筆者は肯定的に受け止めて返しているわけで、そのことによって、自分の言動の背後にそうした〝甘え〟の気持ちが動いていることに多少なりとも気づくことができ、かつそのことを当然のこととして抵抗なく受け止めることができるひとつのきっかけとなったのではないか。そのことを裏づけるものとして、その後の彼女の憧れの対象に向けた急激な気持ちの変化があると思われるのである。

筆者はこの面接過程で、患者の言動の字面の意味や見かけの印象に囚われないこと、さらにはその背後に動いている〝甘え〟にまつわるこころの動きを捉えることの重要性を再確認したように思う。

結論――発達障碍の精神療法における核心

発達障碍の起源を、筆者は乳幼児期早期において子どもに生起する〝甘え〟の〈アンビヴァレンス〉にあると考えている。それが結果的に養育者とのあいだに関係障碍をもたらす。そこで子どもは、いかなる不安な状況にあっても養育者に救いを求めることが困難となり、ひとりでなんとか、全存在を駆使して、みずからの不安に対処する方法を導き出す。

そこでとられるさまざまな対処行動は、われわれには不可解なものに映る。臨床の場においてわれわれ臨床家が目にするものの大半はこの対処行動である。それは通常われわれが「症状」と呼んできたものである。よって、臨床家が治療の焦点に当てるべき対象は、「症状」ではなく〈アンビヴァレンス〉である。そのことによって臨床家は、子どものこころの動きを中心に据えて「関係をみる」ことが可能になる。

その際、臨床家がこころ掛けなくてはならないのは、子どものこころの動きを感じ取ることを可能にしているのは、みずからのこころ、すなわち主観だということである。中立的に、子どもの言動を病理的なものとして捉えるような眼差しを向けるのでなく、一人の人間の生き様に関わるという謙虚な姿勢を持ち、子どものこころにみずからの思いを重ねるような態度で臨むことが求められる。それなくして人間のこころの病でもっとも重篤な（と筆者は考えている）発達障碍に向き合い、子どもとの関係を切り拓くことは困難である。このことは、子どもであろうと大人であろうと、なんら変わらない。「関係をみる」ということは、単に

〈子ども－養育者〉関係を「客観的にみる」ことではない。〈患者－治療者〉関係をみる際に、面接で実感する臨床家自身の内面のこころの動きに耳を澄ます。このことを通して初めて「関係は変わる」。そこでの臨床家自身の体験こそ、養育者自身のそれと重なり合うものなのである。

ここで述べた精神療法の核心は、発達障碍のみでなく、あらゆる精神病理においても通じるものである。精神療法は本来「関係（発達）臨床」という性格を有しているものだと筆者は考えているからである。

註

（1）若林慎一郎（一九七三）「書字によるコミュニケーションが可能となった幼児自閉症の一例」精神神経学雑誌七五巻、三三九‐三五七頁

（2）DSM‐5で提唱されている自閉症スペクトラム障碍 Autism spectrum Disorders: ASD の診断基準は満たさないが、そのリスクを持つ乳幼児をも含むものとして、筆者は「自閉症スペクトラム」を用いている。このように、より広範な概念を用いることによって、ASDの病態形成の成り立ちを解明できると考えているからである。

（3）本書では以下「母親」とするが、その理由は、これまで父親との関係病理を論じるほどの経験を持たないからであって、特に母親のみを関係病理の対象としようとしているのではないことを最初に断っておきたい。

（4）American Psychiatric Association (2013). *Diagnostic and Statistical Manual of Mental Disorders: DSM-5*. American Psychiatric Publishing. 日本精神神経学会監修・高橋三郎・大野裕監訳（二〇一四）『DSM‐5精神疾患の診断・統計マニュアル』医学書院

（5）小林隆児ほか（一九八九）「小児自閉症に併発する心身症」発達障害研究一一巻一号、三二‐三七頁

（6）小林隆児ほか（一九九二）「成人期の女性自閉症者にみられた摂食障害に関する発達精神病理学的考察――自閉症の対象関係の発達病理に焦点を当てて」児童青年精神医学とその近接領域三三巻四号、三一一‐三二〇頁

（7）小林隆児（二〇一〇）『関係からみた発達障碍』金剛出版、四七‐四九頁

（8）本書に記載した「二〇歳N子」〔一六一‐一六五頁〕と「一七歳の女性」〔五〇頁〕の訴えを参照。

（9）Wing, L. & Shah, A. (2000). *Catatonia in autistic spectrum disorders*. British Journal of Psychiatry, 176: 357‐362

（10）この事例の詳細な治療経過については拙著『自閉症のこころを見つめる』岩崎学術出版社（二〇一〇）を参照。

（11）小林隆児（二〇一四）『「関係」からみる乳幼児期の自閉症スペクトラム』ミネルヴァ書房、一七三‐二〇八頁

（12）当時筆者は「関係障害臨床」と称していたが、のちに「関係発達臨床」と呼称を変更した。

（13）Sullivan, H.S.（1954）The psychiatric interview. New York, W.W.Norton. 中井久夫ほか訳『精神医学的面接』みすず書房（一九八六）

（14）鯨岡峻（二〇〇一）『原初的コミュニケーションの諸相』ミネルヴァ書房

（15）松本元（一九九九）「情報処理の神経機構」松下正明総編集『臨床精神医学講座二一巻 脳と行動』中山書店、一七一-一八四頁

（16）筆者はその極限状態について、拙著（原田理歩との共著）『自閉症とこころの臨床——行動の「障碍」から行動による「表現」へ』〔岩崎学術出版社（二〇〇八）一六頁〕で、行動障碍を呈している人たちを例に「臨戦態勢」と表現したことがある。

（17）クルト・ゴールドシュタイン／西谷三四郎訳（一九五七）『人間——その精神病理学的考察』誠信書房、四四頁

（18）Werner, H.（1948）*Comparative Psychology of Mental Development.* International University Press. 鯨岡峻・浜田寿美男訳（一九七六）『発達心理学入門』ミネルヴァ書房

（19）小林隆児（一九九九）『自閉症の発達精神病理と治療』岩崎学術出版社、九五-一一一頁

（20）「知覚変容体験」は統合失調症の精神病理学的研究で一時期よくとりあげられていたもので、中安信夫（一九九〇）『初期分裂病』〔星和書店〕に詳しい。「知覚変容現象」はそれにヒントを得て提唱したものである。

（21）ヤーコブ・フォン・ユクスキュル＆ゲオルク・クリサート／日高敏隆・野田保之訳（一九七三）『生物からみた世界』新思索社／岩波文庫版（二〇〇五）

（22）Stern, D.（2010）*Forms of Vitality.* Oxford University Press.

（23）木村敏（一九九四）『こころの病理を考える』岩波書店

（24）中村雄二郎（一九七九）『共通感覚論』岩波書店

（25）詳細については『「関係」からみる乳幼児期の自閉症スペクトラム』事例A〔四三-四四頁〕を参照。

（26）同、事例B〔四四-四七頁〕を参照。

（27）同、事例C〔四七-五〇頁〕を参照。

（28）同、事例42〔二〇〇-二〇五頁〕を参照。その治療経過は『自閉症のこころをみつめる——関係発達臨床からみた親子のそだち』〔岩崎学術出版社、二〇一〇〕に詳しい。

（29）この事例を担当した当時、筆者は研修医を終えて間もない時期で、外来初診での診察は恩師村田豊久先生（当時、福岡大学医学部精神医学教室助教授）がされて、筆者は陪席を務めていた。本事例の治療経過については拙論（一九七九）「進学コースから脱落したある秀才児の軌跡」〔九州神経精神医学二五巻、二三六-二四一頁〕に詳細な報告がある。

（30）福岡伸一（二〇一四）「芸術と科学のあいだ 第三七回」『日経新聞』朝刊〔一〇月二六日〕

(31) 拙著『あまのじゃくと精神療法』〔弘文堂、二〇一五〕で、筆者はアンビヴァレンスを「あまのじゃく」というこころの動きのゲシュタルトとして捉えることに焦点を当てた精神療法について論じている。

(32) 土居健郎は『臨床精神医学の方法』〔岩崎学術出版社、二〇〇九〕で、精神療法家はメタファを解するこころを持つことが大切であると述べているが、筆者は拙著『あまのじゃくと精神療法』「メタファと精神療法」の章〔二四－四七頁〕で、その意味について詳細に論じている。

(33) 土居健郎（一九九四）『日常語の精神医学』医学書院

(34) Stern, D.（2010）*Forms of Vitality*. Oxford University Press. p.123, p.149

(35) この事例の詳細については拙論（二〇〇三）「広汎性発達障害にみられる『自明性の喪失』に関する発達論的検討」〔精神神経学雑誌一〇一巻八号、一〇四五－一〇六二頁〕を参照。

(36) Richer, J.（1992）. *Holding: A brief guide for parents*. Unpublished manuscript.

(37) 深町建（一九八七）『摂食異常症の治療』金剛出版

(38) ヴォーカル・マーカー（Newson）は、子どもが現在行っていることに相手である親が間髪を入れずに抑揚のある声を掛けることによって、子どもが今行っていることに注釈を加える言語行動をいう。親のこうした行為は、対象物を前に子どもが夢中になって経験しているその面白い一瞬を際立たせるはたらきをし、親子のコミュニケーション維持と促進において重要な役割を果たしている。鯨岡峻編訳／鯨岡和子訳（一九八九）『母と子のあいだ』〔ミネルヴァ書房一六三－一七八頁〕に詳しい。

(39) 小林隆児（二〇〇三）「広汎性発達障害にみられる『自明性の喪失』に関する発達論的検討」『精神神経学雑誌』一〇一巻八号、一〇四五－一〇六二頁。

あとがき

本書を書き終えて、やっと本丸に攻め入った戦国武将の思いの疑似体験をしたような感慨に浸っている。筆者にとってライフワークであった発達障碍に関する臨床研究は、常に「関係」を軸に考えてきたが、振り返ってみると、「関係性」なる言葉を使い始めたのは、平成五〔一九九三〕、六〔一九九四〕年あたりからである。最初に「関係性」を使用した論文を公にしたのは一九九六年である〔「自閉症の情動的コミュニケーションに対する治療的介入――関係性の障害の視点から」『児童青年精神医学とその近接領域』三七巻四号、三一九－三三〇頁〕。それからちょうど二十年が経った。長いようで短い期間であった。

ただ、当時から長いあいだ、発達障碍研究で「関係」を用いることは禁句であった。そのため筆者は、学会発表で事あるごとに激しい非難を浴び続けた。それは本来、学会であるべき批判ではなく、信じられないような低俗な非難であった。筆者の言説が母原病の再来だとする非難である。それ以上に筆者に堪えたのは、このような非難に対して会場で誰一人として筆者を援護する者がいなかったことである。これが学問の世界でおこなわれることか、と激しい憤りを覚えた。このようなことがずいぶん長いあいだ続いた。しかしいまでは、「関係性」なる用語が、この世界でも流行語のように飛び交っている。ずいぶん皮肉なものである。

「超」経験主義を自認する筆者は一貫して「関係発達臨床」の実践を重ねてきた。本書を読んでいただくとすぐにおわかりのように、全体の三分の二を自験例の記述が占めているのはそのためである。人によっては独善的と思われるかもしれないが、本書で筆者は、自身の臨床で確かなものとして掴んだものを軸に「関係発達臨床」の理論化を試みた。なお、本書で取り上げた自験例は一七例に及ぶが、全例とも過去に論文や著書にて報告したことがある。本書ではその治療経過のみを加筆修正のうえ再掲しているため、初出一覧の必要はないと考え、あえて提示することはしなかったことをお断りしておく。

今日世に出回っている発達障碍本は膨大な数にのぼるが、その大半は、発達障碍の障碍特性を軸に論じられている。さらには、それは個性だから尊重しようとの言説まで飛び交っている。筆者が常々抱き続けてきた疑問のひとつが、「研究者は原因論には饒舌であるが、治療論については寡黙だ」というものである。子どもや家族、患者の視点に立てばすぐにわかることだが、みんな治療を求めているのだ。小難しい理論を求めているのではない。本当に身に沁みてわかるような治療と説明を求めているのだ。

学生時代、二十歳になったばかりの頃に、自閉症の子どもたちと出会った。それから数えるとすでに四十五年を超えた。やっと自分である程度納得のできる「発達障碍治療論」を書き終えることができた。あとは、世の読者にどう評価していただけるかである。筆者はそれに身を委ねるしかない。これまで筆者は数々の建設的批判によって育ててもらった。今回もそれをこころ待ちにしている。なお本研究において、西南学院大学より研究インキュベートプログラムの助成を受けた。

最後に、筆者のライフワークをこのようなかたちに仕上げていただいた創元社心理企画室の津田敏之氏にお礼申し上げる。

二〇一六年 四月一日

桜満開の季節を迎えた福岡の地にて

小林 隆児

著者紹介

小林隆児　（こばやし・りゅうじ）

1949年鳥取県米子市生まれ。

1975年九州大学医学部卒業。福岡大学医学部精神医学教室入局後、福岡大学医学部講師、大分大学教育学部助教授、東海大学健康科学部教授、大正大学人間学部教授を経て、2012年より西南学院大学人間科学部教授。

児童精神科医、医学博士。日本乳幼児医学・心理学会理事長。

単　著

『自閉症の発達精神病理と治療』岩崎学術出版社1999年、『自閉症の関係障害臨床』ミネルヴァ書房2000年、『自閉症と行動障害』岩崎学術出版社2001年、『自閉症とことばの成り立ち』ミネルヴァ書房2004年、『よくわかる自閉症』法研2008年、『自閉症のこころをみつめる』岩崎学術出版社2010年、『関係からみた発達障碍』金剛出版2010年、『「関係」からみる乳幼児期の自閉症スペクトラム』ミネルヴァ書房2014年、『甘えたくても甘えられない』河出書房新社2014年、『あまのじゃくと精神療法』弘文堂2015年

編著・共著

『自閉症の関係発達臨床』小林隆児・鯨岡峻編、日本評論社2005年、『自閉症とこころの臨床』小林隆児・原田理歩著、岩崎学術出版社2008年、『子どものこころを見つめて』対談：小倉清・村田豊久／聞き手：小林隆児、遠見書房2011年、『「甘え」とアタッチメント』小林隆児·遠藤利彦編、遠見書房2012年、『発達障害と感覚·知覚の世界』佐藤幹夫·人間と発達を考える会編、日本評論社2013年、『人間科学におけるエヴィデンスとは何か』小林隆児・西研編、新曜社2015年

発達障碍《はったつしょうがい》の精神療法《せいしんりょうほう》
あまのじゃくと関係発達臨床《かんけいはったつりんしょう》

2016年7月10日　第1版第1刷発行

著　者……………………………………
小林 隆児
発行者……………………………………
矢部 敬一
発行所……………………………………
株式会社 創 元 社
http://www.sogensha.co.jp/
本社　〒541-0047 大阪市中央区淡路町4-3-6
Tel.06-6231-9010 Fax.06-6233-3111
東京支店　〒162-0825 東京都新宿区神楽坂4-3 煉瓦塔ビル
Tel.03-3269-1051
印刷所……………………………………
株式会社 太洋社

ISBN978-4-422-11619-8 C3011